东方
文化符号

徐霞客

单旭 著

江苏凤凰美术出版社

图书在版编目（CIP）数据

徐霞客 / 单旭著. -- 南京：江苏凤凰美术出版社，2024.6
（东方文化符号）
ISBN 978-7-5741-1259-9

Ⅰ.①徐… Ⅱ.①单… Ⅲ.①徐霞客（1586—1641）－生平事迹 Ⅳ.①K825.89

中国国家版本馆CIP数据核字（2023）第153839号

责任编辑	舒金佳
设计指导	曲闵民
图片提供	江阴市徐霞客研究会
责任校对	施　铮
责任监印	张宇华
责任设计编辑	赵　秘

书　　名	徐霞客
著　　者	单　旭
出版发行	江苏凤凰美术出版社（南京市湖南路1号　邮编：210009）
制　　版	南京新华丰制版有限公司
印　　刷	盐城志坤印刷有限公司
开　　本	889mm×1194mm　1/32
印　　张	4.25
版　　次	2024年6月第1版　2024年6月第1次印刷
标准书号	ISBN 978-7-5741-1259-9
定　　价	88.00元

营销部电话　025-68155675　营销部地址　南京市湖南路1号
江苏凤凰美术出版社图书凡印装错误可向承印厂调换

目录

前　言 ··· 1

第一章　梧塍徐氏 ····································· 6
第一节　高士之风 ······································· 6
第二节　科场悲剧 ······································ 12
第三节　家族盛衰 ······································ 18

第二章　胜水奇人 ···································· 24
第一节　博雅君子 ······································ 26
第二节　慈父贤母 ······································ 30
第三节　君山萌志 ······································ 35

第三章　壮游天下 ···································· 41
第一节　首游太湖 ······································ 42
第二节　遍游名山 ······································ 46
第三节　万里遐征 ······································ 55

第四章　科学考察 ································ 62
第一节　溯江探源 ······························ 63
第二节　情系岩洞 ······························ 66
第三节　考察国土 ······························ 71

第五章　文化传承 ································ 78
第一节　采风民间 ······························ 78
第二节　考证古迹 ······························ 82
第三节　勒石晴山 ······························ 86

第六章　悲壮东归 ································ 95
第一节　鸡足修志 ······························ 98
第二节　铸就名篇 ····························· 103
第三节　最后时光 ····························· 107

第七章　游记沉浮 ······························· 113
第一节　游记成书 ····························· 114
第二节　百年传抄 ····························· 117
第三节　发现价值 ····························· 120
第四节　霞印天下 ····························· 123

后　记 ··· 130

前　言

　　元、明两代，居住在江阴梧塍里古村落的徐氏家族坚持耕读传家，发展成为江南地区的豪门望族，不仅富甲一方，而且汇聚文献，成为文献世家。江南地区当时的众多文化名人，成为徐家的座上宾，诗词酬唱，书画鉴赏，梧塍里一带也成了当时江南的一个文化中心。

　　徐霞客是梧塍徐氏的一个杰出代表，他步父亲徐有勉之后尘，放弃了科举应试进入仕途的人生追求，立志于"问奇于名山大川""丈夫当朝碧海而暮苍梧"。一生用双脚丈量祖国大地，走出了中国古代知识分子的一条人生新路。

　　徐霞客从 22 岁开始出行，30 多年间，他走遍了大半个中国，足迹遍布今天中国的 21 个省、(直辖)市、自治区，成为一名终身旅行家。

　　徐霞客从 1607 年春第一次出游，到 1640 年夏回归故里，一生至少出游 24 次。许多徐学专家把徐霞客的出游分成早、中、晚三个历史时期。

徐霞客早期游历为1607年至1632年，他在这一时期出游的地区主要集中在江南和中原地区。游览的重点是名山大川和名胜古迹，如泰山、天台山、雁荡山、黄山、白岳山、武夷山、庐山、九华山、华山、太和山、嵩山、恒山、五台山、盘山、罗浮山。出游的时间基本在春、秋两季，时间不长，大部分是"定方而往，如期而还"的"有方之游"。从《徐霞客游记》对这一时期的记录来看，徐霞客以搜奇访胜、考察民俗为主，但也流露出对地理景观的特殊兴趣，有着与一般文人出游不一样的志趣。

徐霞客游历的中期阶段为1632年到1636年，这一时期，他出游的地方并不多。但是，在这一时期徐霞客的兴趣已经开始发生重大变化，从偏重于搜奇访胜转变为地理考察。这一转变与他和好友陈函辉的深入交流关系密切。

1632年春，徐霞客与族兄徐仲昭一起重游天台、雁荡两山。在临海，他们第一次拜访了陈函辉。陈函辉是一位地理学家，他在听取徐霞客介绍了游历经过后，便笑着给徐霞客提了一个问题："君曾一造（到）雁山绝顶否？"徐霞客"听而动色"。第二天一大早徐霞客就出发了，他第三次向雁荡进发。"上龙湫三十里""再攀登往上十数里""又复二十里许而立其山顶"，在顶上宿了三夜。此行徐霞客收获颇丰，大大增加了对地质等科学考察的浓厚兴趣。徐霞客还找到了大龙湫的真正源头，是在绝顶的南面和常云峰以北夹峙的山坞之中，纠正了《大明一统志》

记载的"荡在山顶,龙湫之水,即自荡来"的重大错误。10天后,徐霞客第二次来到陈函辉家,迫不及待、眉飞色舞地讲述了登上雁荡绝顶后的重大发现。徐霞客与陈函辉深入探讨了中国传统地理学存在的问题,他根据自己读过的《山海图经》等地理著作和实地考察的所见所闻,认为中国传统地理学存在不少陋习和弊端。而陈函辉是《皇明职方地图》的编写者之一,在地理学方面有很深的造诣,正好是徐霞客讨论地理学变革、切磋山水学问、升华科学考察境界最难得的知音。正是在这次会面中,面对陈函辉的提问:"先生之游倦乎?"徐霞客提出了自己西南行的伟大计划:"昔人志星官舆地,多以承袭附会;即江河两经、山脉三条,自记载以来,俱囿于中国一方,未测浩衍,遂欲为昆仑海外之游。"陈函辉对徐霞客的万里遐征计划大为赞同,并与他一起谋划了这一西南出游计划。

陈函辉还把徐霞客的出游经历以诗歌(《前纪游》《后纪游》共计38首)的形式进行了详细的记录,称赞徐霞客的旅游为"寻山如访友,远游如致身"。最后在徐霞客万里遐征完成,回到江阴,病逝家乡后,陈函辉还受徐霞客生前委托,为他撰写了长达数千字的墓志铭,为我们留下了许多关于徐霞客生平和出游的珍贵史料。

这一时期,徐霞客还拜访了有"山中宰相"之称的陈继儒老先生,希望能利用他深厚的人脉资源为他的西南出游求得帮助。陈继儒和徐霞客是忘年之交,天启四年

（1624）五月，徐霞客为其母庆祝八十寿辰特赴佘山，请陈继儒为母作寿序。两人初次相交，便一见如故。当时徐霞客38岁，陈继儒67岁，徐霞客称陈继儒为"眉公"，陈继儒则为他起了"霞客"的别号，"徐霞客"之名就是从这时开始使用并传扬天下的。陈继儒是明朝著名文学家、画家，29岁开始隐居小昆山，后居东佘山，关门著述，工诗善文，兼能绘画，擅长墨梅、山水，著有《小窗幽记》《陈眉公全集》等。他先后多次被皇帝征召，但都以病为由推辞了。陈继儒虽然隐居佘山，但与朝中要员多有往来，人脉极广。徐霞客在西南遐征启程之际，特意绕道佘山拜访他，得到了他的大力帮助；陈给徐写了许多"介绍信"，希望沿途的这些朋友能够招待和帮助徐霞客完成万里征程。

1636年9月至1640年6月，徐霞客开始了他人生最后的出游，这次出游被称为"万里遐征"。徐霞客携江阴迎福寺静闻和尚及顾、王二仆，从故乡马镇南旸岐出发，经浙江、江西、湖南、广西、贵州、云南等诸省，前后达5个年头，其中在云南考察历时达1年半之久。1640年初，因病被云南丽江土司木增派人送回家乡。

这次出游是徐霞客一生中最重要的旅行，其取得的成果最终奠定了徐霞客今天的历史地位。这次出游也充满了艰难困苦，但徐霞客视畏途于不顾，凡险必探，凡疑必究。一路上曾三次遇盗、四次绝粮，一行4人中王、顾两仆先后逃亡，静闻和尚病逝中途，仅剩徐霞客孤身1人滞留在云南边陲鸡足山。

这时期徐霞客曾经强健的身体已经寸步难行，但他并没有气馁失望，他身边那厚厚一箱的考察日记，已经把他这次出游途中的千山万水尽收囊中。

第一章　梧塍徐氏

梧塍徐氏，是江南望族，有"富甲江南、文献世家"的美称。梧塍徐氏中，徐麒、徐颐、徐元献、徐尚德、徐经、徐洽、徐霞客等与江南文化名流倪云林、宋濂、钱福、文洪、文徵明、祝枝山、唐寅、高攀龙、缪昌期、文震孟、周延儒、陈仁锡等人交往密切，常有诗文酬唱、书信往来。

梧塍里，是江阴的一个古地名，核心区域位于现江阴市祝塘镇景阳村。早在宋朝这一地名就开始出现，最初是南迁的孔子后人居住的地方。徐霞客一世祖徐世名，后改为千十一，元朝初年从苏州迁至江阴梧塍里，从此开枝散叶，瓜瓞绵延，发展成一个名播江南的大家族。

第一节　高士之风

梧塍徐氏尊北宋末年开封府府尹徐锢为一世祖。徐锢，字子固，河南新郑人，北宋末年任开封府府尹。金兵南侵时，他扈从宋高宗南渡，隐居于临安（今杭州）。徐锢南迁时

徐氏世系表

世次			世次			世次			
一	伯益 (名大费)		九十二	俭 仪 份		一百十一	塄 (字等伯)		
二	若木 (夏的开国功臣，封徐，以嬴为姓)		九十三	彪		一百十二	锢		
3世至73世略			九十四	必文		一百十三	嘉谊		
七十四	稚		九十五	敬启		一百十四	允恭		
七十五	允曜		九十六	调		一百十五	守诚 守训		
七十六	斡 庶 (字之直)		九十七	嘉宾		一百十六	世名 世郊		
七十七	盛 (字文向)		九十八	植		一百十七	伯三 伯四 伯十		
七十八	自得 (字昭明)		九十九	胜 肿 明		一百十八	亨一 亨二		
七十九	时仪		一百	贻 郳		一百十九	直 谅 闻		
八十	宁 (字安期)		一百零一	有华		一百二十	麒		
八十一	铨		一百零二	晓 (字巨由)		一百二十一	应 态 念 懋		
八十二	熙 (字静斯)		一百零三	浩 (字唐知)		一百二十二	泰 颐 坤		
八十三	丰子		一百零四	继书 继轶		一百二十三	元献 元寿		
八十四	尚之 羹之 钦之		一百零五	公望		一百二十四	经		
八十五	逸之 迈之		一百零六	铉 铉 锴		一百二十五	洽 洽 沾		
八十六	淳之 湛之		一百零七	元鲅		一百二十六	衍芳 衍禧 衍嘉 衍成 衍厚		
八十七	恒之 聿之 谦之		一百零八	褒 (字深明)		一百二十七	有开 有造 有勉 有及 有登 有敬		
八十八	孝嗣		一百零九	天恩 天锡 天纲		一百二十八	宏祚 宏祖 宏禔		
八十九	颜		一百十	良传 良仪 良杰		一百二十九	屺 岘 屿 李寄		
九十	揖 摘								
九十一	李穆 李克								

(注：名字有 * 者，《辞海》有传)

梧塍徐氏世系表

携带了大量中原文献。

二传徐嘉谊（克谊），三传徐允恭，四传徐守诚，徐守诚曾在苏州吴县（今苏州地区）做官，便把家从杭州迁至苏州，他有两个儿子，长子是徐世名（后改名千十一）、次子徐世诚（后改名千十四）。其弟守训生有二子：长子为千十二，次子为千十三。

当时正处于元灭南宋之际，徐守诚为保持民族气节，家风清白，教育家人："子孙俱不仕元。"徐世名（千十一）为了遵从父亲教诲，带领家人从热闹的苏州城迁居江阴梧塍里这个偏远的乡村。在梧塍里徐世名过着"其居田园，其业诗书"的生活。他是江阴梧塍徐氏之始祖，他的其他三个兄弟分别迁居华亭（今上海松江区）的少湖、宜兴的濮溪、常熟的邵舍里。千十一继承了祖上遗留下来的大量中原文献，也成了梧塍徐氏的家藏之宝，被时人称为"文献巨室"。

梧塍徐氏以南州高士之风作为家风，在梧塍徐氏的多次修谱中，都称自己为南州高士之后。世人赞美梧塍徐氏："高士令名垂无穷，子孙炳著东海东。"九世祖徐麒曾把自己最喜欢的两个儿子分别取字为"景南""景州"，表示对南州高士的仰慕和追怀之情。他还有两个儿子叫景高、景阳。

南州高士来自《后汉书·徐穉列传》，东汉著名的党锢首领陈蕃、郭泰曾称豫章（南昌）隐士徐穉为"南州高

南昌滕王阁

士"。徐穉这个人尽管不是一个显赫的人物,但是他以良好的品德赢得了唐朝诗人王勃的青睐,其在传世名篇《滕王阁序》中写道"人杰地灵,徐孺下陈蕃之榻",将这一历史典故名扬天下。徐孺(即徐穉)一贯崇尚"恭俭义让,淡泊明志",他不愿为官而乐于助人。相传,豫章太守陈蕃极为敬重徐穉之人品而特为其专设一榻,去则悬之。王勃的名篇使得徐穉以南州高士和布衣学者的形象,成为千秋传颂的"人杰地灵之典范"。

《梧塍徐氏宗谱》所载徐霞客世系是从北宋末年的开封府尹徐锢开始的,但南州高士徐穉却一直在家族中享有极高的地位,成为梧塍徐氏子孙后代效仿的榜样,隐而不仕的行为被视为家世传承。徐氏族人即便为官,既不念念不忘于功名利禄,也不追求高官厚禄;当民族危难、异族入侵或政治黑暗时,徐氏族人便隐居山林,耕读为业。

梧塍徐氏家族史上,为官者不多,隐居乡村以开垦农田、过田园山水自娱自乐生活者比较多。特别是在科场失利、捐资为官也不能实现报国宏愿时,就一心隐居乡间,以耕读为修身齐家的根本和人生的价值追求。

《梧塍徐氏宗谱》封面

梧塍徐氏有着汇聚文献的文化传统，一世祖徐锢南迁时曾带有大量中原文献，九世祖徐麒重农积谷，广搜文集，建有"心远斋"，徐景南造有"梅雪斋"，徐景州建有"竹雪斋"，徐元献、徐元寿筑有"万卷楼"，徐经设有"西坞书屋"，徐洽、徐衍芳父子构造"湖庄书屋"，徐霞客建有"晴山堂"。在江南文人中，徐氏收藏的大量文献也是吸引他们经常到访的重要原因之一。

梧塍里是徐霞客先祖连续九代人生活的地方，也是徐氏家学的发源地。梧塍徐氏家族中第一个著书立说的是十一世祖徐泰，著有《生白斋集》；十二世祖徐元献著有《达意稿》，其弟徐元寿著有《王几山人集》《黄庭室稿》《物外英豪》等书，这是梧塍徐氏第二代立言著述之人；十三世祖徐经在科场失利之后，归家闭门谢客，写下了《贲感集》；十四世祖徐洽著有《云岐小稿》；十五世祖徐衍芳著有《柴石遗诗稿》。后来，徐霞客给我们留下了《徐霞客游记》；其子李寄有《天香阁随笔》《历代兵鉴》《李介立诗钞》《艺圃存稿》等10余种。

梧塍徐氏不仅历代多有文名，且与四方文士多有往来。梧塍里的徐家大院常常出现吴中名流的身影，倪云林、文林和文徵明父子、唐寅、祝枝山等常来徐家大院吟诗作画，饮宴赏景。

"梧塍十景"是当年徐氏家族招待各方嘉宾的四季曲目。徐景南是徐霞客的十世祖，他晚年生活"优游田里，笑傲林壑",无牵无挂。他把他喜爱的居所、使人留恋的山川、难以忘怀的田畴,和徐景州一起给它们一一诗意地赋予美名:梧塍先陇、长寿幽居、梅窗诗思、竹屋书声、黄塘春涨、毗岭晴岚、西畴稼穑、北墅桑麻、南浦渔歌、东原牧笛。

梧塍徐氏在徐霞客十四世祖徐洽时分居到金凤乡南旸岐,徐洽是徐经的次子。徐洽生有五子,长子徐衍芳。为了徐衍芳专心科举学业,徐洽、徐衍芳到南旸岐构筑了湖庄书屋,徐有勉作为徐衍芳的第三个儿子,分得了湖庄书屋的部分资产,徐霞客就出生在湖庄书屋之中。因此,他从小就能接触那些内容丰富的历史、地理、方志、游记等各类书籍。

第二节 科场悲剧

梧塍徐氏在九世祖徐麒手中开始兴旺发达。明朝初年,万事待兴,当时的边境还没有稳定下来,朝廷发布招贤榜,招募民间能人,赴明朝边境开疆拓土。徐麒便以白衣应诏。他带兵来到西蜀境内,成功招抚了当地的少数民族羌人,得胜回朝,受到朝野一致好评,准备授予官职。但徐麒坚决不受,表示要回归故里——梧塍里。经皇帝恩准后,以一品朝服荣归故里,一时名传朝野。

徐麒回到家乡,带领族人积极开荒种地,几年间就发展到拥有土地近66.67平方千米的素封地主。徐麒"辟田若千顷，藏书数千卷，列郡甲胄之家，冠盖缝掖之士，莫不与之契合"。可见当时的徐家已成为有名的资财富裕的素封之家，也成了藏有数千卷书的藏书之家。

徐麒虽然没有入朝为官，但是他对明王朝的态度是积极支持的。正统年间，江南发生灾荒，徐麒授意自己的两个儿子徐景南、徐景州各自拿出粮食4000斛（古代容积单位，1斛相当于60千克）用于地方赈灾，被地方官员上报后，朝廷给予大力表彰，称徐家为"义门"。

景泰年间（1450—1457），北方边患严重，徐景南、徐景州兄弟二人又"进鞍马助边"。朝廷对徐氏兄弟的慷慨之举，大为赞赏又授予了"义民"的称号。

徐景南作为徐麒的长子，对朝廷的隆重表彰，感到皇恩浩荡，他专程进京上表谢恩，并表示自己长子徐颐精于"六书"，可以报效朝廷。皇帝特授予徐颐"中书舍人"一职，在文华殿做一些文书工作。明代的中书舍人是一个从七品的小官，数年之后，徐颐便告病还乡。

明代，科举制度进一步完备，科举入仕才是一个官员不断高升的唯一途径。徐颐的为官经历，使他对此深有体会。

由于明王朝对徐氏家族的两次表彰，报效朝廷的入世思想在徐氏家族中不知不觉地慢慢抬头，在原来的隐士传统观念中，增加了封建士大夫追求功名利禄的向往。徐颐回到家乡，就开始督促梧塍徐氏子弟勤奋学习，欲在科举

江苏学政衙署遗址

道路上走出一条家族发展的新路。

徐颐的弟弟徐泰在他的影响下，第一个取得了功名，在景泰年间高中解元，成为梧塍徐氏登科入仕第一人，曾官至荆门州守。

徐颐之子徐元献，是徐霞客太祖，刚刚10岁就能赋诗，四座宾客无不称奇惊叹。徐颐也不断加大教育投资力度，不惜花重金四处征集各种科举考试复习资料，并邀请名师上门指导。当时罢官居家的状元钱福，徐颐以500金的年薪聘请到家。他还把翰林编修张泰也请来执教。徐颐更是亲自陪读，每天督学到午夜方休。

徐元献学习十分努力，在名师严父的教育培养下，于成化十六年（1480）乡试时高中，获得经义第一，列举人第三名。当时徐元献的试卷受到考官罗仲明、李宾之的赏识，可谓春风得意。次年徐元献北上京城，参加会试，不料却榜上无名，落第而归，让满怀希望的徐颐大失所望。徐元献归家后，认真总结失败教训，准备再次应试。可是由于过于用功劳累，一病不起，不久去世，年仅29岁。徐颐痛失爱子，精神上受到重大打击，也于同年撒手人寰。一场科举梦，造成了父子两人的英年早逝。

徐霞客的高祖徐经，是徐元献的独子，父亲去世时才12岁。在祖父徐颐、父亲徐元献的影响下，徐经从小就立下了金榜题名之志，他发愤读书，准备在科举考场上一举成名。

弘治八年（1495）徐经参加应天府乡试，高中第四十一名举人。弘治十二年（1499）徐经与好友唐寅（乡试第一名，解元）一起赴京城参加会试。三场考试刚刚结束，结果京城有人就到处传言：江阴富人徐经贿赂考官，预先拿到了试题。给事中华昶听到传言后便上奏朝廷。明孝宗让大学士李东阳复查试卷，李东阳发现徐经、唐寅均不在录取名单之中。本来这桩科举舞弊案可以就此了结，可是一些考生因为传言，仍吵闹不休。明孝宗为平息社会舆论，下旨罢免了主考官程敏政的职务，徐经、唐寅两人则革去功名，废锢终身，也就是终身不得参加考试。华昶

江阴兴国寺塔（宋代）

因弹劾不实,被降级处理。

徐经返乡后,闭门谢客,埋头书斋,写下了《贲感集》。明孝宗死后,新皇帝登基,他抱着大赦的希望,到京探听消息。谁知由于一路劳顿,一病不起,客死他乡,年仅35岁。唐寅归乡后,则专心于绘画艺术,成为明代著名的仕女画大家。

徐经去世后,梧塍徐氏子弟中,能够在科场继续一搏的只有徐洽了,他是徐经次子。徐洽是国子监学生,平时考试次次成绩优异,在同学中小有名气。但是徐洽科场不利,他先后7次参加会试,均名落孙山。徐洽便把希望寄托在长子徐衍芳身上。徐洽因分得田产8.398平方千米,他便从梧塍里分居到金凤乡南旸岐,专门为徐衍芳建造了湖庄书屋(位于今徐霞客故居),命他常年在此苦读。可是徐衍芳的命运也不佳,连续6次都没有成功,而且徐衍芳兄弟5人中,有2人和他一样,都因考场失意,先后很快离开人世。徐洽面对这一家庭悲剧,在徐衍芳去世不久,也在气喘病中默默地结束了自己的一生,再次重演了梧塍徐氏父子同年而亡的人生悲剧。

从徐霞客太祖徐元献到祖父徐衍芳,在近百年的科场角逐中,可说是耗尽了5代人的精力,造成了5代人中家族精英人物的过早离世。同时,也给整个家族带来一种不祥的氛围,每到大比(考试)之年,全家都会惶恐不安,甚至可以说是在恐怖的气氛中等待考试结果。一次次的失望，让这个豪门大族蒙受了深深的打击。尤其是徐元献、徐衍芳的落第，竟造成父子同年而亡的惨剧；而徐经的科场风波案，也成为难以与外人言说的家门之耻。可以说，科举之路给梧塍徐氏带来了沉重的家族灾难。

第三节　家族盛衰

四代科场失利，无疑给梧塍徐氏带来了巨大影响。这个家族从元初迁至江阴梧塍里，经过9代人的苦心经营，不仅成为江阴地区的第一大家族，而且成为"江南鼎甲"。高峰时期，家族拥有的土地超过66.67平方千米，"江表之区，称钟石之积者必曰徐"。

梧塍徐氏全盛时，据传梧塍里有房屋5048间，府内水井18口，西有双凤桥，东有青龙桥，东、南、西、北有护村河，是江南地区颇具规模的一个地主庄园。四邻群众见其广厦千间，称其为"大宅里"，这个名称后来慢慢取代了梧塍里，成为徐霞客祖居的名称。

在大宅里村东南高地上建有徐氏祖庙，庙内塑着徐氏先祖的像，徐氏祖坟就在附近。祖坟前面长长的甬道两边排列着石马、石牛、石翁仲，甬道的入口是高大的"旌义"牌坊。在大宅里庄园内也有一个牌坊，即"皇恩二下坊"，还建有一座敕书楼，楼内藏有明英宗朱祁镇的诏书。

在梧塍徐氏的历史上，徐麒是一个关键性人物。他年轻时曾拜文学家宋濂为师，素有大志，含英咀华。后经乡

江尾海头

里举荐，应诏出使巴蜀，功成荣归故里，成为徐氏家业兴旺发达的重要推手。20多岁时他放弃高官厚禄，带领族人开荒、挖渠、平整土地，在家庭教师施耐庵先生（《水浒传》作者）的精心指点下，经过多年经营开发，徐氏产业急剧发展，田亩广连阡陌，粮食仓储富足，"粟腐贯朽""金珠委地"。徐麒不为自己的富足而满足，他乐于赈济，他常对家人说："粟不可不积，亦不可不散。己有余，而人不足，不仁也。"其子徐景南、徐景州，则秉承父亲意愿，为朝廷分忧，赈灾助边，两次受到皇帝的表扬，荣获诏旌（义门、义民）。徐景南长子徐颐入朝为中书舍人；次子徐泰考中解元，官至知州。梧塍徐氏也从庶族地主成为缙绅地主，拥有了政治特权。

徐颐等大力扩充经济实力，从此"父作子述，资日益丰，田日益群"，进入了梧塍徐氏家族的鼎盛时期。

到了徐元献、徐经时期，由于两人困于科场之中，对家业关注不多，幸得大家庭出身的薛、杨婆媳两人善于理家治业，才勉强维持住豪门大族的门面。到徐经去世时，家中还有田地26.67平方千米，分布于梧塍、砂山、旸岐等地。徐经夫人杨氏给三子二女做了分配：三子各得田地8.398平方千米、山地6.121平方千米、滩地0.0187平方千米、芦场0.0313平方千米、草场0.00667平方千米，二女共得田地0.8平方千米。梧塍徐氏在经历了徐麒、徐景南、徐颐三代盛世后，在徐经之后逐渐走向下坡。一方

大宅里巷口昔日牌坊石柱

昔日梧塍里今日大宅里村貌

大宅里古银杏树

面家族中的精英忙于科举，无暇家业，仅靠女人操持；另一方面由于分家析产，也使徐氏家族的产业不断缩小规模，成为各自独立门户的缙绅地主。

到了徐霞客父亲徐有勉一代，由于中年伤足，晚年遇盗，以农为本的徐氏家族经济显得日益衰弱。徐霞客母亲王孺人不得不组织起家庭作坊，靠手工织布重兴门户，使"家业得以复振"。

徐霞客去世后不久，清军南下，江南地区发生奴变运动，徐氏宅院被焚毁，财产被抢，田地被分，徐霞客家人被杀，虎口逃生的被迫离乡、投靠亲友。经此劫难，徐家元气大伤。而顺治十八年（1661）的江南奏销案，又给梧塍徐氏这个豪门巨族以最后一击，梧塍徐氏后代的地主时代宣告结束，变成了以耕作小块土地为生的自耕农。

徐霞客像

第二章 胜水奇人

在徐霞客故居东南约 100 多米处，有一座横跨在沈塘河上南北向的古老小石桥，石桥题名为"胜水"，取这一带屡遭水患能胜水的吉祥意思。

胜水桥，是见证徐霞客一生成长的重要物证。徐霞客每次外出远游，他的母亲、妻子和家人都到胜水桥畔的码

仰圣园

徐霞客手植罗汉松

头为其送行；每当徐霞客远游归来，他的母亲、妻子和家人又到桥边的码头守候。

"曾有霞仙居北垞，依然虹影卧南旸。"

"胜境重新舟驶人行通海宇，水影依旧清流激湍映天然。"

刻在胜水桥两侧桥墩石柱上的这两副对联，把徐霞客故居的风光和地理位置以及人们对徐霞客的怀念和爱戴之情，写得明明白白。

第一节　博雅君子

1587年1月5日，是一个寒冷的冬天，徐霞客来到

徐霞客出世（殷国庆绘）

了人间。对于徐霞客父母来说，这是中年得子，也是他们夫妻的第二个儿子。这年徐霞客父母已经41岁了，他们希望这个新生命能给这个破败的家庭和中落的家族，带来一线生机，所以给他起了一个大名叫"弘祖"，表字"振之"。

徐霞客从小就与众不同，一般的孩子吃饱了便呼呼大睡，他则喜欢睁着眼睛四处看，两只眼睛，炯炯有光。看到高兴之处，便会手舞足蹈、呀呀大叫，好像对外面的世界充满了好奇之心。

5岁时，徐霞客就进入家庭私塾读书，对"四书""五经"只要老师稍微点拨一下，就能领悟背诵，不久就能文能诗，得到老师的器重。但徐霞客的兴趣不在"四书""五经"这些科举应试内容上，他喜欢读古今历史、《山海图经》，这些"杂书"让他对各地的山水胜景了如指掌。

有一个时期，徐霞客也走了一段弯路，曾痴迷于神怪故事，相信世上有神仙，认为神仙应该住在群山环绕的深处。有一天，他瞒着父母去山中寻找仙人，找了半天也没有找到神仙的影子。后来在父母的教育下，徐霞客逐渐摆脱了神怪故事的影响。

徐霞客是一个十分喜爱读书的人，湖庄书屋是他常去的地方，这里珍藏着梧塍徐氏的大量文献。徐霞客以书会友，在这里也结交了不少朋友。徐仲昭是他的族兄弟，也是他外出旅行的积极支持者和伴侣。徐霞客和他曾两次游览天台山、雁荡山，并一起拜访临海陈函辉，商讨西南之

花山——徐霞客童年寻仙处（殷国庆绘）

行。徐霞客一直把他看成自己的知己，在他万里遐征前，一直等待外出的徐仲昭归来，并在动身前一天，专门去了徐仲昭的家，向他托付了离家后的事宜。作为族兄弟，徐仲昭无疑参与了徐霞客大量的家务事。泰昌元年（1620）徐霞客因为母亲大病初愈，筹建晴山堂。徐霞客、徐仲昭四处奔波搜集先祖遗文，梧塍徐氏先祖《本中征君墓志铭》就是他从东吴太常卿夏家的静学斋中抄录回来的。

徐霞客在江阴香山的族兄雷门的梅花堂写下的"春随香草千年，人与梅花一样清"这一千古名句，既是他个人人格追求的目标，也是他择友的标准。在他一生中，结交了很多朋友，除了徐氏亲友外，他与众多具有梅花般铁骨铮铮的贤豪奇士、方正刚直之人结为莫逆之交。他们中，有被称为"闽中大师"理学家的黄道周，有"山中宰相"之称的文学家、书画家陈继儒，有南京国子监祭酒陈仁锡，还有当时著有《天下名山记游》的王思任，写有《蜀中名胜志》的曹学佺，参与主编《皇明职方地图》的陈函辉，等等。徐霞客与这些名人巨儒的交往，都是建立在共同理想追求（读万卷书、行万里路）和切磋求教的基础之上的。

吴国华在为徐霞客撰写的《圹志铭》中说："霞客之生平，磊落英奇，目空万卷……尽发先世藏书，并鬻未见书，缣缃充栋，叩如探囊，称博雅君子。"

徐霞客继承徐氏家学，发扬南州高士之风。他摆脱了

徐霞客读书图（殷国庆绘）

科举的束缚，抛弃世俗功名利禄，在浩瀚的书海中寻找人生的乐趣，在山水间寻求人间的真知，不仅为梧塍徐氏延续了书香文脉，也为中国文明增加了原创性成就，在人类文明史上留下了璀璨的一页。

第二节　慈父贤母

徐霞客为何能立下千古功绩，陈继儒先生在为徐父徐母撰写的《豫庵徐公暨配王孺人传》中如此总结道："弘祖之奇，孺人成之；孺人之奇，豫庵公成之。"揭示了家庭教育在徐霞客的成长中占据的重要地位。

徐霞客的父亲徐有勉，号豫庵。由于父祖两代科场角逐的失利，让他重新选择了自己的人生道路：决心发扬南州高士之风，摒弃对功名利禄的追求，隐居乡间。

在兄弟分家时，徐有勉主动放弃了中堂豪宅，甘愿选择旷土陋室。徐有勉平日以园林山水自娱，留连江南水乡。他平时坚持不与权势者交往，无锡秦中丞、侯司谏两个官员曾多次慕名登门拜访，他听到消息后均避而不见。

徐有勉的志趣爱好和高洁品格对徐霞客产生了重大影响。在私塾读书时，徐霞客多次"不务正业"，在经书下面偷偷放上《山海经》之类的"闲书"。私塾老师发现后，曾告状到徐有勉处。徐有勉听了一笑了之，他对私塾老师说：我看霞客眉宇间有云霞之气，又读书好礼，看来将来可以继承我的志趣，我不愿意他追求功名富贵。

徐霞客故居

　　徐霞客在父亲的"纵容"下，对科举考试必读的"四书""五经"更是不当一回事，专心致志阅读《山海经》《禹贡》等山水地理著作，并萌发了人生志向："丈夫当朝碧海而暮苍梧。"对大禹等治理河山的大英雄充满崇敬之心。

　　徐有勉由于个性耿直，经常受到其他富豪大户的排挤和欺凌。中年时，当地土豪曾勾结盗贼抢劫了徐家，徐有勉逃到无锡，回乡时坠马落河，摔伤了一只脚。伤愈后，他只能扶杖行走，从此更是深居简出，很少与人来往。可"树欲静而风不止"，徐家因为家中富裕，晚年居住在冶坊桥别墅的徐有勉再次遇到强盗抢劫，并遭受重创，不久病故。当时徐霞客只有19岁。

徐霞客的母亲王孺人，心胸豁达，知书达理，与丈夫徐有勉相敬如宾，并承担起了建设家园、振兴家业的重任。经多年苦心经营，徐家陋室变成了高宇，旷土变为了"怪石伟木"，重新振兴了徐氏家业，过上了富足的生活。丈夫去世后，王孺人担负起全部的家庭重担，她妥善地安排了 3 个儿子的家产分配，对庶出的儿子也一视同仁。分家后，王孺人与还没有成家的徐霞客生活在一起。

王孺人是一位善于持家的母亲。农忙时，她亲自带着家人和奴仆下田劳作，耕耘收获。平时还在园中种植各类蔬菜，尤其是夏秋之季，遍种扁豆，搭起的棚架上，紫花吐蕊，果实累累，扁豆成为徐家餐桌上的一道日常美食。

徐母不仅是一位种田能手，还是一位织布高手。她在

徐母教子塑像

宽敞的徐家大园中，建起了织布工坊，组织家人，织出了精美的"徐家布"，成为畅销苏杭等地的布中精品，也成为振兴徐氏家业的重要经济来源。

王孺人在教育徐霞客方面更是下了一番功夫。天启四年（1624），江南遇灾，粮价暴涨，饥民遍地，王孺人命徐霞客拿出数十石（相当于数千斤）粮食赈济灾民。她还嘱咐徐霞客主动捐款修复了家族祠堂，并拿出几十亩好地用于每年的宗族祭祀开销，倡导徐氏族人不忘先祖。江阴君山庙是为了纪念明初清官张宗琏而修建的，因多年失修导致破败不堪，王孺人动员徐霞客承担起了整修重任，花巨资将君山庙修葺一新，受到时人赞扬。

徐霞客看到母亲居住的房屋昏暗潮湿，准备替她建造新房，王孺人却坚决不同意。她让徐霞客把钱用在保护先祖的墓碑等文物上，以表彰先德，教育后人。

王孺人最值得称颂的是对徐霞客远游的鼓励和支持。当徐霞客受"父母在，不远游，孝子不登高，不临深"传统理念束缚，在远游之事上犹豫时，她大胆鼓励徐霞客："志在四方，男子事也……岂令儿以藩中雉（圈在篱笆中的小鸡）、辕下驹（压在车辕下的小马）坐困为？"她对传统理念作了新的解释，认为只要父母和孩子之间相互理解信任，远游未尝不可，让徐霞客放心出游。

万历三十五年（1607），徐霞客迎娶许氏后不久，便与叔丈许学夷一起出游太湖。徐母王孺人对徐霞客的首游

徐霞客寻访张宗琏后人

十分重视,亲自为他准备了行装,并专门为他制作了一顶远游冠。

每次出游在外,徐霞客时常牵挂母亲。王孺人知道后,总是劝慰他:"吾幸健,善饭足恃耳!男子生而射四方,远游得异书,见异人……无以我为念!"她与徐霞客约定:每次远游归来,都要把旅途中看到的奇人奇事讲给她听。作为孝子的徐霞客自然不忘母亲的嘱托,每次出游,都会按日记游,归来后一一讲给母亲听。王孺人听后都十分开怀。徐霞客还把各地采集的奇花异石和地方特产献给母亲。

王孺人为了打消徐霞客远游的顾虑,在80岁高龄时,还带着徐霞客等家人一道游览了宜兴、句容等地的风景名胜。一路上,她总是抢着走在徐霞客前面,表示自己的身体很健康。

可以说,如果没有王孺人这样的母亲,徐霞客恐怕很难走得那么远、那么久。王孺人被世人称为"东海贤母",可谓实至名归。

第三节　君山萌志

此水自当兵十万；

昔人曾有客三千。

江阴君山,虽不甚高,但凸起平野,俯临长江。它东望鹅鼻嘴,西眺黄田港,南面是江阴城,历来是江阴的一

徐霞客故居全景（徐力绘）

个名胜景点。

南宋绍兴二十年（1150），江阴知军赵隽之在君山上建成浮远堂。《君山浮远堂记》载："堂于山之巅，辟户而南。峰峦起伏，东西联亘。岚烟暖翠，荡漾几席。凭阑而北，淮帆海舶，十百相衔，是江接天，不可涯矣。"文章还说，长江从京口向东，到了这里，距离大海已经不远，"每风平浪静，渊停鉴静，晴碧湛然。而一堂之上，西望京口，东瞩于海，岂有以目力为限际。盖愈望而愈无穷也"。赵隽之遂取苏东坡诗句"江远欲浮天"中"浮远"两字为堂名。这副浮远堂楹联由南宋文学家李珏撰写，吟读这副楹联，不仅让我们领略到君山的地理形胜，而且还可以解读君山绵延流传的沧桑历史。

君山原来叫瞰江山。战国时期，越胜吴，楚灭越，楚考烈王把吴地封给了春申君黄歇。江阴是封内的采邑，称春申邑。春申君门下曾招揽食客三千，多蹑珠履，后被其门客李园所杀。相传黄歇死后，葬于君山西麓，江阴人民为了纪念他，改名为君山。明朝开国皇帝朱元璋在打败张士诚军队后，曾在君山春申宫庆功犒赏全军将士。

浩荡的长江到了君山一带，江面骤然收窄。登上君山山顶，瞰江对淮，东南形胜，气势磅礴，历来是文人骚客探幽览胜之地。唐代著名诗人张继、宋朝大文学家王安石、明代大剧作家汤显祖，都曾游过君山，留下了一首首流传至今的佳作。"迷迷春草暮江阴，黄歇宫开竹坞深。去燕

君山（春申君黄歇墓）

尚留亡国语，离亭当日听琴心。"汤显祖在《过春申古宫》这首诗中，生动地描绘了当年君山茂林修竹、草长莺飞的绮丽景色。

万历二十九年（1601），徐霞客到江阴城参加童子试，这是他参加的唯一一次科举考试。徐霞客对考试成败并不放在心上，一考完试便攀登了君山。对这座名山，徐霞客向往多时。

"君山北峙长江尾，滚滚寒潮日夜来。青霭销时郊树出，白云断处海天开。"眼前的景象，让走出考场的徐霞客感受到了大自然的神奇之处，也引起了他的深深思考：这日夜不停、奔腾向海的滔滔江水，究竟是从哪里流到江阴汇入大海？是否就是《禹贡》中所说的"岷山导江"呢？

究竟是长江长还是黄河长呢？看过的《山海图经》等书籍给徐霞客带来了无穷的兴趣，也让他萌发了问奇于名山大川之志，希望能用双脚去实地踏访一下书中那些熟悉的山山水水，让深藏自己心中的一个个疑问找到真实的答案。

徐霞客当初的这种想法，后来反映在他的名篇《江源考》（又名《溯江纪源》）一文中。文章这样写道：

"……余邑正当大江入海之冲，邑以江名，亦以江之势，至此而大且尽也。生长其地者望洋击楫，知其大，不知其远；溯流穷源，知其远者，亦以为发源岷山而已……"

徐霞客很早就对"岷山导江"有了质疑，后来他从长江下游出发，溯江而上，用"足和目互订而得"，第一个

临江思源（殷国庆绘）

修复江阴君山张君庙（殷国庆绘）

提出了"江源必当以金沙为首"的结论，为自己少年时代的疑问找到了正确的答案。徐霞客对长江源头的考察和发现，可谓是"直补桑经、郦注所未及"，被国内外誉为中国地理学的重大贡献之一。

徐霞客从君山萌志，到万里遐征，毕生从事地理考察。他既博览群书，又独立思考，不为经典结论所束缚，也不轻信志书、图籍所记载。他曾经对友人说："山川面目，多为图经志籍所蒙，故欲穷九州内外，探奇测幽。"徐霞客晚年长时间奔波于云贵高原之间，终于以事实为依据，修正了《禹贡》"岷山导江"之说，为长江源流正了名，推翻了1000多年的因循旧说。《江源考》比清康熙年间西方传教士从事中国地图测量，证实金沙江是长江正源要早近半个世纪。徐霞客是通过实地考察长江江源的第一人，也是开辟我国系统考察自然、描述自然新方向的首创者。

第三章　壮游天下

1607年，22岁的徐霞客从故乡的胜水桥登船启航，开始了长达30多年的游历生涯。他不畏艰辛、风餐露宿，

徐霞客出游0公里碑

足迹遍及包括今天北京、天津、上海、江苏、河北、山西、山东、陕西、河南、湖南、湖北、安徽、浙江、江西、广东、广西、福建、贵州、云南、四川、重庆等21个省、市、自治区。在游历的过程中，徐霞客不仅对所游山川风物进行了详尽的记录和描绘，留下了百万余字的游记手稿，而且也通过旅游、文字完成了他对自我形象的不朽塑造，描绘出一个伟大旅游家的崇高形象，从这形象中让世人体悟出中华民族生生不息、竭蹶向上的不屈精神和无穷力量。

第一节　首游太湖

明万历三十五年（1607），徐霞客22岁，这一年他

太湖风景区

刚刚与江阴望族许学闵之女成婚。婚后，他与叔岳丈许学夷一起出游太湖。

三月初三，是江南民间踏青的日子，新婚不久的徐霞客与诗人许学夷一起，从胜水桥码头告别送行的母亲、妻子等家人，戴着母亲亲自为他缝制的远游冠，沿梧溪河到达惠山，再由梁溪河入太湖，开始了一生旅游考察的漫漫征程。

这次出游，徐霞客的游记虽然没有保留下来，但是同行者、诗人许学夷却留下了诗篇《雨夜宿徐振之斋中》《同徐振之登惠山》两首诗，后一首诗曰："宿雨溪流急，扁舟向晚移。山因泉得胜，松以石为奇。楼阁高卑称，园林映带宜。幽深殊不尽，策杖自忘疲。"记述了他们两个人傍晚时坐小船在寄畅园附近登岸游惠山的情景。许学夷是江阴史上的著名诗人，著有《诗源辩体》一书，曾发起和组织沧洲诗社——名闻江南的著名诗社之一。徐、许两家是世交，"金瓶许氏"的澄江书院山长许恕与梧塍徐氏的九世祖徐麒是好友，据说他曾介绍施耐庵到徐府当家庭老师，施耐庵曾经为梧塍徐氏的兴旺发达出过许多"金点子"。在梧塍徐氏宗祠中曾挂有一副流传甚广的楹联："读宋学士赞言，高风世仰；观施耐庵卜兆，大地名扬。"

对这次出游，徐霞客印象很深。崇祯五年（1632）他与好友陈函辉谈起自己旅游经历时说："万历丁未（1607），始泛舟太湖，登眺东、西洞庭两山，访灵威丈人遗迹。"

惠山"天下第二泉"

西山世称洞庭西山，亦称林屋山，是太湖东南面的一个岛屿。西山上有个林屋洞，洞口镌刻着"天下第九洞天""灵威丈人得大禹素书处"。

徐霞客为何选择太湖作为远游的第一站，列为自己的首游地？一是太湖美丽的湖光山色、缥缈仙境吸引着他；二是幽墟灵窟、龙洞禹空的藏经古迹昭示着他；三是徐氏家族，聚居湖岛的宗族亲情感染着他，在太湖周边有徐氏家族的许多田产，也生活着许多徐氏宗亲。

这一次出游也是徐霞客科学考察的开端。徐霞客考察太湖是因为他对《禹贡》记载的"导河（指黄河）自积石""导江（指长江）自岷山"，江长源短有疑问，而藏在太湖西山林屋洞中的《素书》传说有夏禹治水经验的水经记录。

徐霞客一心想解开《禹贡》中对江河源头记载的困惑，想从《素书》中找到长江源头的奥秘所在。徐霞客首游太湖，虽然没有找到《素书》，却上了一堂考察山水的启蒙课：要弄清江河源流，只有实地溯江探源才能找到真实答案，以书证书的方法是行不通的。另外，这次考察，大大增加了徐霞客对洞穴考察的兴趣，从此以后，他每到一地，逢洞必探，逢洞必考。洞穴也是他笔下记载最多的对象之一，徐霞客成为了世界洞穴学的鼻祖。

至于徐霞客为什么把远游的第一站放在林屋洞，据说还有一个原因。因为徐霞客祖上在太湖周边留了约6.67平方千米的土地，由于每到汛期，太湖水位上升，就会淹

林屋古洞

了这些田地。因此，徐霞客一心想看看太湖，找到大禹治理太湖的法宝，为祖产寻找克服水患的治理办法。

第二节　遍游名山

徐霞客一生纵情于山水之间，游踪所至，总不忘登高远眺，梳理当地山脉走向、水系源流。

徐霞客的考察吸收了中国古代地理学的龙脉学说。古代以"龙"作为山脉系列的名称，以代表山脉的走向、起伏、转折和变化，所谓"地脉之行止起伏曰龙"；同时，亦以"龙"表示地下生气流动的地脉通道，将中国地理之"龙脉"划分为北龙、中龙、南龙"三大龙"。徐霞客以大半生的时间寻幽探奇、寻根溯源，探究"龙脉"，终于获得了"今详三大龙势，北龙夹河之北，南龙抱江之南，而中龙界之，特短。北龙亦只南向半支入中国。唯南龙磅礴半宇内，而其脉亦发于昆仑"的科学论断。徐霞客正是从长江以南山系大势出发，通过实地考察山岳地貌空间分布情况，全面系统地论述了我国长江以南山脉的走向和分布情况，进而推断出长江发源于昆仑山，指出"故推江源者，必当以金沙江为首"的结论。

徐霞客考察了我国的诸多名山如泰山、华山、恒山、嵩山、衡山、盘山、四明山、普陀山、雁荡山、仙都山、天台山、白岳山、黄山、九华山、天目山、龙虎山、武当山、武夷山、罗浮山、五台山、太行山等。

"旷世游圣"匾（冯其庸书）

徐霞客爬过的泰山

徐霞客曾走过的石梁飞瀑

徐霞客游历的名山，通常是由不同地质时代、不同类型的岩石构成。由于岩性不同，又在不同气候区的外力作用下，各山的山观地貌是大不相同的。徐霞客虽然没有明确指出各山的岩石组成，但他细致真实地描述了亲眼所见山地的不同地貌景观，使后人能"按图索骥"，推断出几种迥然不同的山地岩石地貌景观。

徐霞客曾经两游黄山，几乎游遍了今天黄山风景区的主要景点，如慈光寺、天都峰、文殊院（今玉屏楼）、莲花峰、平天矼、狮子峰、接引崖等。徐霞客用"乱峰列岫，争奇并起""群峰或上或下，或巨或纤，或直或奇，与身穿绕而过，俯窥转顾，步步生奇""四顾奇峰错列，众壑纵横，真黄山绝胜处"！对黄山大小36峰作了生动描述。他还以惊人的目测能力，认定莲花峰是黄山最高峰，纠正了前人关于天都峰是黄山最高峰的错误结论。现代测量结果证实，黄山莲花峰海拔为1873米，天都峰为1810米。

徐霞客曾三访雁荡山。为了搞清楚龙湫之水的来源，他先后三次探寻雁湖，最后终于找到了雁湖，发现雁湖水与大龙湫的源头风马牛不相及，纠正了《大明一统志》中"荡在山顶，龙湫之水，即自荡来"的重大错误。

万历四十四年（1616）约月，徐霞客游历了白岳山、黄山之后，经浙江进入福建，来到武夷山。当时，武夷山虽然有名，但游山却没有很好的路径，许多地方甚至无路可走。徐霞客在山中游历时，有时"裂衣不顾"，有时"以手悬棘，乱坠而下"，历九曲、攀天游，快赶急跃，将武夷山的精华之处尽收眼底，并一一记入了游记之中。

白岳又名齐云山，在明代是一座名山。它位于安徽府休宁县城西15千米岩下镇（今岩前镇）的横江南岸，为紫红色砂砾岩构成的丹霞地貌，有齐云岩、白岳峰等36奇峰、72怪岩、24洞和许多幽洞、飞瀑。明代是齐云山道教的鼎盛期，传为真武大帝在江南的修炼道场，有"江南小武当"之称。崇信道教的嘉靖、万历皇帝，先后派遣正一道龙虎山第48代和第50代张天师赴齐云山开设道场，成为江南著名的道教中心和中国道教四大名山之一，又与

武夷山

黄山、九华山并称为皖南三大名山。徐霞客在万历四十四年（1616）同好友、浔阳人叔翁一起游览了齐云山，从正月二十六日至二月一日，在山上共待了6天。徐霞客登山的时候正是一年中最寒冷的季节，冰天雪地。但是，他兴致很高，二十六日抵达休宁后，立即马不停蹄沿横江西行15千米，至岩下时已是黄昏。他们仍然没有休息，在茫茫暮色中开始登山。他们向路边庙中借了灯火，冒雪蹑冰前行。过一、二、三天门，因天黑，行旅艰难，无暇细看路边景色，只听到树木间冰响铮铮。同行的叔翁游兴、体力不如霞客，远远落在后面。徐霞客独自一人向前，直到榔梅庵才停下住宿。此时，又突降雪珠，徐霞客独卧山房，雪珠滴落屋面的淅沥声，使他一夜未眠。第二天，徐霞客一早起来，发现满山冰花玉树，迷漫一色。

徐霞客不信神佛，对道观也不感兴趣，在游记中除了对太素宫稍有描述外，其他几十座宫观道房几乎没有提及。他醉心于自然风光，齐云山上那些奇丽的风景点他一个不漏地冒雪踏遍，只有傅岩他没有到达。两年之后，他又在秋高气爽之际，重游齐云山，以补傅岩之失。

《徐霞客游记》中有多篇名山游记，徐霞客写出了它们的高下曲折，为名山增添了神奇魅力，提高了人文价值。徐霞客评说黄山"薄海内外，无如徽之黄山，登黄山天下无山，观止矣"。后人根据其意传为"五岳归来不看山，黄山归来不看岳"，成为一句千古名言。时人也曾留下了

庐山

华山

广东罗浮山

东方文化符号

嵩山

"留君一坐即名山"的传说。

现在的《徐霞客游记》中前一部分就是名山之游,共17篇,是徐霞客于49岁之前完成的,占全书的9%左右。这一部分的游记,是徐霞客生前就编好的,最初名为《纪述》,由李寄开始称《名山游记》,后又称《游名山记》。至于最后时期的西南游记,徐霞客在世时,仅是一堆杂乱的日记草稿。徐霞客生前委托季会明代为整理,季会明不负主人和朋友所托,先后两次整理手稿,编辑完成了《徐霞客西游记》一书。

第三节　万里遐征

崇祯九年(1636)九月,徐霞客开始了他一生中最后一次出游,这次出游途中保存下来的22篇日记,占了今天《徐霞客游记》全书的90%以上。西南万里行是徐霞客一生旅游考察中最辉煌、最富有成就的时期。

1636年农历九月十九日晚,徐霞客与送行的亲友宴饮告别后,子夜时分,乘醉上船,在胜水桥码头,启航出发。与他同行的有静闻和尚,还有顾行、王二两个仆从。

此时的徐霞客已经51岁,对这次出游,他做了精心筹划。行前他安排好了家事,搜集了相关资料,明确了考察计划。当年他给好友陈继儒的信中写道:"弘祖将决策西游,从牂牁夜郎以及磻门铁桥之外。其地皆豺嗥鼯啸,魑魅纵横之区,往返难以时计,死生不能自保。尝恨上无

胜水桥

以穷天文之杳渺，下无以研性命之深微，中无以砥世俗之纷沓，惟此高深之间，可以目摭（搜集采用）而足析。"

　　从家乡江阴出发后，徐霞客由无锡、姑苏、昆山、青浦至杭州，再取道余杭、临安，下桐庐、兰溪，游金华三洞，西行过衢州、常山，再进入江西境内，历时27天。途中，仆人王二逃跑。

　　徐霞客在江西境内沿玉山→上饶→弋阳→贵溪→金溪→建昌→新城→南丰，回到建昌游麻姑山后西游至宜黄→永丰→吉水→吉安，游西园，西进至永新，北行游武功山，西入湖南。在永新禾山，徐霞客度过了在外的第一个春节。在江西境内，徐霞客常常弃舟步行，寻胜探幽。历时近三个月。

1637年农历正月初十，徐霞客进入湖南，第二天经芳子树下西行，途经茶陵州、攸县、衡山县到衡州府。又经祁阳县、永州府、道州、江华县、蓝山县、临武县、宜章县、郴州、永兴县、耒阳县，在湘南游了一圈，回到衡州府。再西溯湘江，至同年闰四月初七日止，历时114天。在湘江徐霞客遇到了这次出游中最大的劫难——湘江遇盗，他所携带的行囊被焚，身无寸缕，同行的静闻和尚、仆人顾行都受了伤。顾行劝他带领大家返乡休养，徐霞客却表示"不欲变余去志"。回到衡阳找到好友金祥甫重筹游资，继续西南地区的旅行。他把静闻安置在衡州养伤，自己带着轻伤的顾行坐船去九嶷山考察三分石。一路上，徐霞客发起了高烧，脸色蜡黄，四肢无力。可每当船到一景区靠岸时，他总叫顾行搀扶着他走上岸去，在岸边观赏景色。有时看到奇石怪岩，竟忘了病体，丢下顾行，一路狂奔。顾行上前要去搀扶他，他笑着说：奇石湍水，深山坳谷，可以药涤心肺，这是治疗我病的良药。你看，我的病不是好了吗？在九嶷山，徐霞客终于来到了苍梧之地，游览了舜源峰、舜帝庙、宁远文庙等景点，还在三分石考察了一整天，并露宿于此。他得到了一个大收获：三分石之水分三支，东北、北面与西面的水，交汇于五涧，这是潇江的上源；一直向东流经高梁原的叫白田江，是肖水的上源；东南流下锦田，西至江华的，是浪水的上源。三分石下的水从来不流向广西、广东，徐霞客把这一重大发现写进了日记之中，纠正了人们以往的说法和书上的记载错误。

1637年农历闰四月初七的拂晓，徐霞客从湖南东安县出发，溯湘江而上，当晚他来到了湘江西岸位于广西全州东南隅的庙头，第二天放舟再行，从此开始了他的粤西之游。从这一天起，到第二年的农历三月二十七日由南丹北境岜歹村进入贵州，历时近一年（约350天），占他西南游全程3年9个月的四分之一，行程约2700千米。考察的路线从桂东北，经桂中、桂北、桂东南到桂西，然后又转桂北。先后考察了全州、桂林、阳朔、柳州、桂平、玉林、横县、南宁、大新、宾阳、上林、宜山、河池、南丹等地。在广西，他的同行者静闻和尚病逝于南宁崇善寺，徐霞客痛失知己，悲伤至极，作《哭静闻禅侣》6首诗倾诉衷肠，并携带静闻遗骨和所抄血经，一起踏上旅程。

1638年农历三月二十七日，徐霞客和他的仆人顾行来到了广西和贵州的分界岭——艰坪岭。徐霞客的贵州之行是整个万里遐征中最为困难、最为险恶的一段旅程，在近750千米的路程中，徐霞客两次遇盗：一次在白云山附近的狗场堡，挑夫王贵盗走了大部分游资；仅隔11天，在普安的一家小旅店中，店主又洗劫了徐霞客，徐霞客身无分文，被困10天。徐霞客哀叹："穷途之中，屡遭拐窃，其何堪乎！"在贵州，徐霞客历时51天。

崇祯十一年（1638）农历五月，从今天的云南省富源县东南8千米滇黔交界处的胜境关进入云南。徐霞客入滇后最初87天的游记在清顺治二年（1645）毁于奴变事件中。从其后来的游记中获悉大致旅程：这年的五月初十，徐霞客从胜境关入滇后，过平夷卫、交水，以后折往南，沿南盘江，坐船到曲靖府、越州卫和陆凉州，经嵩明州的杨林，到达云南省省城昆明。

云南是徐霞客万里遐征考察时间最长的地方，历时1年9个月，先后走遍了曲靖、姚安、大理、丽江等14个府，相当于今天云南的40多个县级行政区域。

徐霞客在昆明游览了滇池等名胜后，为了考察珠江源头，又折返滇东，沿滇池东岸往南，经呈贡、江川、通海抵达临安府，然后西至石屏，再东经阿迷州（今开远市），转北经弥勒入广西府（今泸西），再经师宗、罗平到达黄草坝（今贵州兴义），再返回云南，经曲靖、交水、寻甸、嵩明进入昆明。之后，徐霞客环滇池详细考察了晋宁、昆阳、海口、安宁、碧鸡关、进耳山、棋盘山，再次回到昆明。这次他理清了盘龙江流域的山脉、水系关系。

1638年农历十一月初七，徐霞客离开昆明，一路考察西行，经天生桥、河上洞、狮子山、雷应山到达元谋，看到了金沙江。又经大姚、姚安、宾川上了鸡足山。将携带了1000多千米的静闻和尚的骨灰安葬于鸡足山，完成了好友的嘱托。徐霞客在鸡足山上住了一个月，度过了在

茶马古道

云南的第一个春节。

1639年农历一月下旬，应丽江土司木增邀请，取道罗武赴丽江。后来又从丽江前往云南的大理、保山、腾冲、凤庆、云县、昌宁等地考察，然后经巍山、弥度、祥云，同年八月二十二日重新回到鸡足山。长期的野外考察损害了徐霞客的身体机能，他的双脚已不能行走，这时长期与他相伴的仆人顾行又偷走了他的钱财私自逃走。连续的打击，让徐霞客心力交瘁。他只能埋首于《鸡足山志》创修工作，来完成好友木增的嘱托。

1640年正月，徐霞客在云南度过了第二个春节后，木增派人把他送回故乡江阴，结束了西南之行。

第四章　科学考察

徐霞客一生壮游天下，志在"问奇于名山大川"，这一"问奇"，也打开了徐霞客探索自然山水的科学探险的大门。

徐霞客登山入洞，溯江探源，考察了所游之地的各种地形地貌、动植物分布，记述了自然中的无数奇情异景，尤其是对我国西南地区地表岩溶地貌和洞穴世界进行了大范围的勘探和记录。徐霞客在考察的基础上，分析了成因、判明了方位、陈述了结构，其记述的准确性和分析的科学性，比西方同行的研究早了100多年，是世界上最早研究岩溶地貌的科学家。

徐霞客是我国科学史上的一位巨人，他不仅开辟了我国系统观察自然和描述自然的方向，而且科学地探讨了自然规律，成为世界科学史上一位中国拓荒者，为中国近代地理学的诞生带来了第一缕曙光。

第一节 溯江探源

徐霞客从22岁到55岁期间,在我国境内进行了广泛的旅行实践和地理考察,他跋涉在山水间,"论山经、辨水脉"。他的游记以及《盘江考》《溯江纪源》等文章记录和阐述了他的江源考察成果,这些成果被学界公认为是中国地理学上的重大贡献之一。

1607年,徐霞客初游太湖,寻访《素书》,追寻长江源头的奥秘。

1613年,徐霞客首次考察雁荡山,他冒险登上山顶,寻找雁湖未果。时隔近20年,徐霞客三游雁荡山,终于找到了雁湖,弄清了雁湖之水与大龙湫毫无关系,纠正了旧志书中的错误。

万里遐征中,徐霞客大规模地考察了南方各地的水系,取得了一系列重大发现。

1637年3月下旬,徐霞客在湖南考察,为追寻三分石,他露宿九嶷山顶,终于找到了"五涧纵横,交会一处"的三分石分水岭;查清了三分石是潇水、岿水、泡水的分水处,而不是粤、桂、湘诸水的分水岭。

1637年至1638年间,徐霞客在广西、贵州、云南三地考察珠江干流西江上游的南、北盘江后,与《大明一统志》进行比照,撰写了《盘江考》一文,详尽分析了南、北盘江的源流情况,包括流向、流程、流经的主要地点等,明确指出:"南北盘江非出自一山(小洞岭山),实各有源地。北盘江自可渡河而东，始合亦资孔、火烧铺水。而南盘江自交水（今云南沾益、宣威之间的炎方附近），南渡越州，始合明月所之水。可见明月所之水非南盘之源也。"纠正了《大明一统志》误以为小洞岭东之水出火烧铺北流者为北盘江、岭之西出明月所南流者为南盘江的错误。徐霞客受当时环境的限制，未能对南、北盘江进行全程考察，在《盘江考》中误信旧志，沿袭南盘江是左江上游之误，认为"两盘江相合处直至浔州府黔、郁二江会流时始合"。事实是正源南盘江在黔桂边境接纳北盘江后，称红水河；至石龙附近纳柳江后称黔江；至桂平纳郁江后称浔江；至梧州纳桂江始称西江。此外，徐霞客对横断山

溯江纪源（徐力绘）

区和云南西部的水系源流做了重要订正，他确定元江、澜沧江、潞江（怒江）是三条各自独流入海的河流，纠正了《大明一统志》称潞江与澜沧江合，澜沧江东入元江的错误，提出碧溪江即漾鼻江下游是注入澜沧江的正确认识。在滇西，徐霞客辨明了大盈、龙川、麓川诸水与缅甸境内水流的关系。

徐霞客长时间深入云贵高原，最重要的目的是探寻长江源头。1638年12月渡金沙江，北抵江驿。后又于1640年1月从丽江"西出石门金沙"，东归途中又穿行出入于长江上游主、支流的河谷地带。1640年，徐霞客完成了他的《溯江纪源》一文的创作，这是他一生中最重要的科学考察报告，也是今天《徐霞客游记》中的最后一篇文章。在这篇文章中徐霞客对自己下决心考察江源的思想形成过程说得非常清楚。当他"迨逾淮涉汴，而后睹河流如带，其阔不及江三分之一，岂江之大，其所入之水，不及于河乎"？他立志探寻江源，经过数十年的跋山涉水，徐霞客精心考察了西南地区的水系分布状况，以所得的实地考察资料，从江河宽度、深度、水文状况等各个方面，辩证论述了"导江于岷"的谬误，有分析有说服力地指出"推江源者，必当以金沙为首"。这在当时是一个重大的地理发现，具有伟大的科学意义和深刻的思想意义。长江江源地区地势高峻，气候严寒，天气多变，空气稀薄，自然条件差，人迹罕至。在300多年前的明代末年，不可能登上世界屋脊的三江源地区，真正穷长江的源头。但徐霞客能在半百之年，不畏艰难，不惧瘴疠，探江源，迈出了科学考察长江源流征程的第一步，是17世纪世界各国从事地理科学考察里程、时间最长的科学家，也是考察成果超越时代的第一人。

第二节　情系岩洞

徐霞客在30多年的考察中，对洞穴表现出了浓厚的兴趣和忘怀的追求。据统计，现存的《徐霞客游记》记载了各种洞穴达357个，徐霞客亲自入洞考察的有306个。这些洞穴可分为岩溶洞穴和非岩溶洞穴。

双龙洞

梅田洞

麻叶洞（殷国庆绘）

1636年9月，徐霞客经过长期准备，开始了他的万里遐征。在这一游程中，他行经的区域是我国岩溶地貌和洞穴分布广泛的地区，为徐霞客观察岩溶现象，分析其形成机理和区域类比，提供了广阔的驰骋其才能的舞台。经过几年的艰苦考察，他成为世界上早期最有成就的岩溶学和洞穴家。

徐霞客对岩溶学的贡献可归纳为五个方面：1. 徐霞客是世界上最早对热带岩溶峰林地貌进行大范围考察的旅行家和岩溶地貌学家。他在西南地区行程万里，对所经之地的地质、地理情况都有很精确的记录。2. 徐霞客对热带亚热带岩溶区的种类繁多的岩溶形态有准确、细致的描述。

他不仅对溶痕、石芽、漏斗、溶水洞、坡立谷、封闭洼地等常见岩溶形态进行了恰中要害的描述,还不时作出类比,说明在地域上的区别。3. 徐霞客正确认识到了热带岩溶峰林地貌的本质特征。热带岩溶峰林地貌有两大基本类型——峰丛洼地和峰林平原,徐霞客在桂林地区考察时,对此有了比较明确的认识,他用"丛立之峰"来形容峰丛,对峰林平原作了精准的描述:"诸危峰分峙叠出于前,愈离立献奇,联翩角胜矣。石峰之下,俱水汇不流,深者尺许,浅仅半尺。诸峰倒插于中,如出水青莲,亭亭直上。" 4. 徐霞客正确认识到了西南地区峰林地貌的分布范围。经过一年多在岩溶区的考察,他指出:"峰林地貌始于云南罗平师宗之间,东止湖南道县一带。" 5. 徐霞客对岩溶区水文地质进行了分析研究。他对岩溶地下水的运动,尤其是对伏流、地下河及泉水的来源、途径、相互关系以及动态变化都有科学的认识。在九嶷山探察斜岩地下河时,他说:"闻其水潜出广东连州,恐亦臆论,大抵入潇。"又指出:"始知此坞四面之水,俱无从出,而杨梅下洞之流,为烂泥河者,即此众水之沁地而入者也。"对地表水渗入地下河和地下河又汇流至地表河之间的关系作出了正确的分析。

徐霞客考察洞穴的天数占他全部旅游天数的13%,考察记录的文字达72000多字,他是我国系统考察洞穴的先驱。徐霞客考察洞穴,主要内容有五项:

桂林七星岩（殷国庆绘）

拓碑真仙岩（殷国庆绘）

1. 数据测量。徐霞客注重用步测、目测、杖测和声测的方法测量各种数据,如洞口位置、高度、长度、宽度,描述了洞中通道的走向、起伏、曲折和水系的流向等,为洞穴研究奠定了基础。

2. 准确分类。徐霞客首先把岩溶洞穴和非岩溶洞穴进行区分。他根据岩石色泽、洞穴结构以及有无碳酸钙的沉积来区分两种洞穴。又把岩溶洞穴分为三类:一是根据洞穴水文情况,分为水洞和干洞;二是根据洞穴气候情况分为暖洞、冷洞和风洞;三是根据洞穴位置,分为脚洞、侧洞、穿洞、天窗洞等。

3. 根据洞穴结构系统记录了10种洞穴:藤瓜式、楼阁式、蹲虎式、竖井式、厅堂式、海螺式、袋状洞、管道状洞、阶梯状洞、通山洞。

4. 系统研究了洞穴堆积物。徐霞客对洞穴堆积物进行了考察,他区分了三种形态:滴水形态如石钟乳、石幔、石柱、石笋;流水形态,包括边石、石田、石棋盘、石荷叶等;水下形态,包括各种石果、穴珠。

5. 系统研究了洞穴水文。徐霞客对洞穴水文的考察有五个方面的内容,即地下河、地下湖、地表水与地下水的关系、地下水水味、地下河的变迁。

第三节　考察国土

徐霞客除了在地理学方面的重要贡献外,还是中国古代对国土资源进行综合性考察的先驱。《徐霞客游记》实际上是中国国土考察的一份实录。

我国古代地志、地理著作，虽涉国土资源的记述，但大部分属于编纂性质，没有系统性，又多以承袭附会，错讹较多。实地旅行的游记，大多为沿途见闻及生活记述，许多游记侧重于文学性，很难反映实际情况。徐霞客的考察记述系统，他经常不走大路走小路，尽量不留空白，也少走重复路线，采取扫描式的旅行路线，正如他自己总结归纳的"陟大脊而东西度之，不啻如织矣"。他的考察涉及自然山水和社会生活的各个层面，而且在观察和调查之

黄果树瀑布

后，努力探寻真实情况和其中的规律性，并引用方志、典籍等文献资料加以考证，得出科学结论。徐霞客对国土资源的考察主要有三个方面的内容。

第一，考察山脉水系。徐霞客一生中，对中国境内的主要山脉进行实地踏勘，重点放在山岳的形势、地貌、走向及相互关联上，通过研究，得出科学认识。徐霞客记载了102种地貌类型，如山、峰、岭、岩、嶂、坑、坳、坞、台、天生桥、眢井、石峰、盘洼等，其中有山岳地貌、岩溶地貌、流水地貌、火山地貌、冰缘地貌。

徐霞客在对晋东北、冀西山地的考察中，发现晋东北山地北陡南缓，而龙泉关附近则外缓内峭，提出了"一

澜沧江

脉三重"说。即这一山系的龙脉起自龙泉,系统内分为三重:今天的太行山至五台山为第一重,五台山为第二重,恒山为第三重。

晚年,徐霞客由鸡足山北入丽江盆地,考察金沙江峡谷,然后南下经剑川、漾鼻至大理登苍山,考察大理上关、下关及周边地区,接着穿越横断山区的澜沧江等河流。通过考察,他终于弄清楚了我国西南地区的山脉,即南龙的分布和走向。他认为南龙之脉发自中国的昆仑山,并且把横断山脉、云贵高原、五岭全部纳入南龙的系统之中,纠正了南龙是"沿长江而下"的传统错误。徐霞客是中国第一个全面系统考察中国境内山脉水系,并进行科学归纳的古代学者。

第二,考察自然物产。徐霞客对各种自然物产记述丰富,矿产资源记载有多处,如恒山的煤、祁阳的锭银、河池的银锡矿、永昌的玛瑙矿、明光的银铜矿、安宁的井盐、腾冲的硫磺、点苍山的大理石等。

徐霞客对云贵高原的地下热能分布地点、特性及用途都有详细的记录,并且正确地将地热泉水分为温泉、热泉和沸泉,为我国当代地热资源的开发利用提供了科学文献资料和重要线索。

徐霞客在旅行考察中,对沿途所见珍禽异兽、奇花异木,不仅注意观察和描述其外观形态,记载它们的生长、活动情况与习性以及分布区域,而且还探求环境、气候等

腾冲热海大滚锅

因素对它们生长的影响。他记述的植物有133种、动物42种，都很有地方特色，如五台山的天花菜、太和山的榔梅、九嶷山的珠树，广西的巴豆、黄果，云南的菩提树、龙女树、荚蝶树、红藤、龙眼、木胆、山茶、山鹃等，还专门写了《滇中花木记》一文记录云南地区的奇花异木。

徐霞客描写了多处气象资源，如黄山云海"山高风巨，雾气来去无定，下盼诸峰，时出为碧峤，时没为银海"，成为黄山四大奇景之一。

第三，考察旅游资源。徐霞客一生游览的名山达数十座之多，记载的山名达650多个，攀登的山达141座，而且都有实地考察记录，全面而确切。徐霞客记载的洞有

云南担当和尚（唐泰）手迹

357个，亲自入洞考察的有306个。他记载的瀑布有72个、江名162个、溪名126个、水名109个、河名61个、湖名57个、泉名49个、塘名49个、伏流38个。

名山胜水、深洞幽穴、瀑布飞流等旅游资源，如今不少成了旅游热地，造福当地百姓。此外，徐霞客对各地的名人遗迹、文物古迹、古刹道观等历史名胜也十分注重，记录的内容同样丰富多彩。难能可贵的是：他对旅游资源的开发利用还提出了至今仍有现实意义的观点。例如，他主张运用法律手段保护旅游环境、保护名胜古迹，对旅游资源的开发不能破坏原来的景观。

普安州（今贵州盘州）——徐霞客笔下的一座名城

第五章　文化传承

"两耳不闻窗外事，一心只读圣贤书。"这是我国古代知识分子的生存状态。尤其到了宋明，理学盛行，王阳明的"心学"又进一步将其推向极端。

明代晚期，许多有识之士逐渐意识到了问题所在，试图寻找一条新路，挽救危亡于末世。徐霞客深受东林学派和泰州学派的影响，突破不务实际、空谈性灵的陈规陋习，成为实学（朴学）思想的最先实践者。他一生用双脚丈量祖国大地，在实践中研究学问、探求真知，是"朴学之鼻祖"。

徐霞客是我国古代第一个真正意义上走出书斋、投身实践研究学问的学者，开创了一代新学风，为中国学术研究走上一条区别于前人的新路树立了标杆、做出了榜样。

第一节　采风民间

徐霞客天资聪颖，好读奇书，年少时已博览群书，被人称为目空万卷的"博雅君子"。尽管家中的图书"充栋盈箱，几比四库"，他仍不倦地搜罗奇书，只要是未见过的书，千方百计求购研读。旅游途中，每到一地必求阅当地的志籍，掌握相关知识。

徐霞客还牢记"三人行，必有我师"的哲言，广泛向社会各界人士求教。他结交的友人，有在朝官员，也有民间隐士。他不耻下问，向普通的村民土人、僧道商贾、渔樵更夫求教学习，表现出强烈的求知欲。

采集民间传说，是徐霞客旅途中的一件大事。从《徐霞客游记》来看，从在雁荡山采集的第一则民间传说到在鸡足山上的最后一则传说，徐霞客搜集的民间传说约有160则，涉及北自恒山、南至罗浮山、东起普陀山、西迄鸡足山的广大地区。这些民间传说有的数百字，也有的只有一二句话，甚至一个标题。内容则包含了神话传说、人物传说和风物传说。

武当山有榔树、榔梅树、榔梅果、榔仙祠，榔梅果是贡品，一般人不准采摘。徐霞客通过各种办法，得到了数颗榔梅果，带回家孝敬母亲。榔梅果是一种奇异的果实，"出而视之，形侔金橘，漉以蜂液，金相玉质，非凡品也"。榔和梅本来是山中的两种植物，怎么会合成一起，成为榔梅树呢？徐霞客通过走访山中道士，得知"相传玄帝插梅寄榔，成此异种云"。2000年，江苏省中科院植物研究所、华中农业大学经过技术鉴定，确认榔梅是武当山生存已久的本土物种，它非李非杏、非桃非梅，又似李似杏、似桃似梅，在《中国高等植物图鉴》中尚无记载。徐霞客的记载，无疑是这个奇异品种的珍贵记录。

徐霞客从小酷爱读《山海经》《史记》等，一路上他对历史人物的民间传说十分注意搜集。他从小立志"丈夫当朝碧海暮苍梧"，苍梧与舜有关，舜是中华民族道德文明的奠基人，苍梧是舜的归宿地。徐霞客来到九嶷山后，仔细摘录了《山海经》《零陵郡志》等书上关于舜的记载，"炼丹于紫霞洞，白日上升""帝舜禅位后，炼丹于此"等，还采集了民间传说"帝原与何侯飞升而去"。

建文帝的下落是明朝人心中的一大疑问，对于这一历史人物，徐霞客在游记中也是常常提及。在广西、贵州、云南，他寻访了民间传说的建文帝遗迹，并记录了相关传说。

在徐霞客记录的民间传说中，以郴州苏仙的故事最长，共442字，把苏仙母亲的籍贯、如何怀孕、如何生苏仙、苏仙为何姓苏、苏仙如何孝敬母亲、苏仙如何成仙、成仙后如何不忘母亲、不忘乡亲等，写得曲折生动、情节感人，成为今天郴州苏仙故事的范本。

除了神话传说和人物传说外，徐霞客采集的民间传说一半以上是风物传说，把380年前的西南风俗民情、地名、民族历史做了翔实的记录。如关于大理蝴蝶泉的传说："泉上大树，当4月初，即发花如蛱蝶，须翅栩然，与生蝶无

蝴蝶泉

异；又有真蝶千万，连须钩足，自树巅倒悬而下，及于泉面，缤纷络绎，五色焕然……至此又以时早未花，询土人，或言蛱蝶即其花所变，或言以花相似，故引类而来，未知孰是。"蝴蝶泉"真蝴蝶""蝴蝶花"之说，从此世代相传，名扬海外。

徐霞客考察的西南各省，是少数民族聚居的地方，他记录了苗、壮、彝、纳西、白、吐蕃、回族等10多个少数民族，对他们的生产情况、衣食住行、民族语言，特别是衣饰、发型和各种节日的风俗习惯，都进行了深入的了解。在与少数民族的频繁交往中，目睹他们艰苦穷困的生

徐霞客在大理祭拜江阴知县李元阳（殷国庆绘）

活，不止一次地流露出同情之心。如在记述保山大寨村的彝族生活时，他这样写道："俗皆勤苦垦山，五鼓辄起，昏黑乃归，所垦皆硗（贫瘠）之地，仅种燕麦蒿麦而已，无稻田也。"而对土司官吏压迫剥削少数民族劳动人民，表示痛心疾首。

第二节 考证古迹

徐霞客在旅程中十分注意搜集、整理文物文献，抄录石刻、书籍，拓印碑刻，都是他旅程中的一项功课。旅行考察中，他的目光绝不仅仅停留在山河水石之间，对沿途的文物古迹，徐霞客倾注了极大的热情，遇到了珍贵的古籍，即使身上没有钱，也"解衣市之，自负背而归"。看见精彩的摩崖碑刻，流连忘返，千方百计，克服困难，抄录拓印。对于徐霞客来说，地理考察和文物考证是相辅相成的。地理考察促使了文物的发现，而发现的文物资料又成为徐霞客地理考察的重要路标，引领着他前行的方向。

在桂林刘仙岩，为了抄录宋人所刻《桂林十二岩、十二洞歌》，因摩崖高达数十米，徐霞客就搭上梯子，人站在木梯上，一级一级上下抄录。在程公岩抄录《程公岩记》等石刻时，因为崖高石斜，有的字看不清楚，徐霞客就用自己的衣服作抵押，向附近的村民借来梯子，把摩崖石刻拂拭干净，以求一字不漏。在融县真仙岩搜览诸碑石刻时，"梯为石滑，与之俱坠，眉膝皆损"。第二天为了拓印韩忠献大碑，他又带伤运木搭架。

在云南鸡足山，徐霞客也抄录了大量的碑文。玉龙阁中有一块碑倒在地面楼板上，为了看清上面的内容，徐霞客就斜躺在地上抄录。在抄录仰高亭碑时，"风撼两崖间，寒凛倍于他处，文长字冗，手屡为风所僵"，但徐霞客仍坚持抄录完。

1638年除夕的前夜，徐霞客还埋头在鸡足山兰陀寺抄录碑文，不知岁之将尽。直到主人提醒，"明日是除夕"，这个天涯游子才始感凄然。后来，徐霞客编撰成《鸡足山志》，这既是他对鸡足山文物文献的一次全面整理，也是他辛勤搜集文物文献的丰厚回报。

对具有书法价值的碑刻，徐霞客力求得到拓本。如在桂林时，徐霞客为了找到拓工拓印水月洞碑和范石湖、陆游等人的碑刻铭文，费尽周折，导致延误了行程。在广西北流县（今北流市）的灵景寺，徐霞客发现佛座下的一块唐碑、一柱宋幢十分古朴，不禁喜出望外，当即磨墨于石上，撕下衣袖当拓肉，用钟锤作为锤子，拿裹脚布作为毛毡，刷了碑就敲打着拓碑，得到了唐碑、宋幢的拓片。徐霞客不仅抄录碑刻，而且仔细研读加以考证，成为自己了解当地历史和地理名胜的重要文献，为制定科学的考察路线提供了依据和参考。

徐霞客壮游天下的行程，也是他考证文物的行程，书商、村民、船工、牧童、游僧、道士、樵夫，都是他访问的对象。如他一到广西新宁，就"读州记于仪间，询狮岩诸胜于土著"。对于散失在民间的方志、书籍，徐霞客也是尽力搜寻，不能购买的，就全力抄录。如在云南腾越的停留期间，徐霞客有许多的时间都是用来抄书，他先后抄录了《南园漫录》《南园续录》《八关》《三宣》《六慰》等书籍。

徐霞客对文物古迹的保护，也提出了一系列的主张，至今仍然可以引以为借鉴。

徐霞客反对把古建筑改作他用，以致荒废古迹、破坏文物。如在九嶷山，徐霞客发现山下的舜陵，后人改为永福寺，后又合舜祠于寺，于是舜祠荒废，再后来永福寺亦荒废("础石犹伟",然"已犁为田"),舜陵也就荒芜了,"仅见颓垣一二楹"。徐霞客对此感到十分痛惜,认为这是"废古之鉴"。

徐霞客反对在名胜之区任意刊刻,如今人到处留下"到此一游"。在杭州灵隐寺前的飞来峰,徐霞客批评道:"昔黥于杨髡之刊凿,今苦于游丐之喧污。"他批评杨髡在飞来峰的胡乱题刻,等于是给山黥面。在鸡足山,徐霞客发现一个姓倪的官员,在束身崖、袈裟石、华首门等处一路题刻,徐霞客感到俗不可耐,指责其为"山灵""黥面"。

徐霞客主张由政府部门来管理名胜之地的环境秩序。他在游览永州柳宗元庙时,看见游人在此随地大小便,十分气愤,从而发出呼吁,"安得司世道者一厉禁之",希望由政府部门来管理好文物。

徐霞客对文物古迹十分珍惜。在郴州游览时,行到乳仙宫外,尽管道士出门相迎,他却因为"足袜淋漓,恐污宫内",谢而不入。过中观时,见其"观门甚雅,中有书室,花竹翛然",徐霞客尽管很想一探其胜,但"亦以足污未入"。徐霞客这踏遍千山万水的双脚,在走过小巧的宫观门前时,却顾虑脚上的泥土,而止步于门前,这是何等的雄心,又是何等的细心!

一个民族存在的标志就是她的文化,文化的积淀就是文物古迹。一个热爱祖国的人不仅热爱祖国的山山水水,也一定热爱祖国的珍贵文物。

第三节　勒石晴山

徐霞客晚年出游途中，总是带着一本《晴山堂帖》，这是他前后花了10多年心血搜集的珍贵家藏，也是旅行途中赠送友人的贵重礼品。

明泰昌元年（1620），徐霞客35岁时，母亲王孺人得了重病，身为孝子的徐霞客四处寻请名医，为其诊治。后同族人徐芳若到九鲤湖仙祠为母亲祈寿，结果得到签语："四月清和雨乍晴，南山当广转分明。"第二年，徐霞客的母亲病愈了。为了庆祝母亲康复和迎接80岁寿辰，徐霞客建了新堂舍，并请人绘制了《晴转南山》图，取堂名为"晴山"。这就是"晴山堂"。

晴山堂建成后，徐霞客四处奔走，邀请书画名家、文人学士、社会贤达如董其昌、高攀龙、王思任、张大复、陈仁锡、黄道周、陈继儒、陈函辉等26人题诗作画。天启四年（1624）徐霞客庆祝母亲80大寿，并汇编成《晴山堂帖》。为了纪念此事，徐霞客开始于母亲寿辰之际，请人镌刻于石。

明崇祯三年（1630），徐母已经去世5年。按照母亲的遗愿，徐霞客与族兄徐仲昭一起将多年搜集到的表彰梧塍徐氏先祖业绩的诗文、记序、传志编为8卷，又请良工镌刻于石，并将石刻砌嵌在晴山堂内壁，后人称之为"晴山堂石刻"。徐霞客在主持编辑石刻文稿时，因缺一篇由文徵明手书的《明故中书舍人徐君（徐颐）墓志铭》，曾用3亩良田才求购到手。石刻记载了徐霞客10代先祖由"隐居不仕"到"竞逐科场"的生动历史。

晴山堂石刻共录有95篇诗文，有90位诗文撰写者和书写者。这些作者中，共有状元7人，载入《辞海》名人录的有30人，如倪瓒、宋濂、董其昌、米万锺、文徵明、李东阳、祝允明、顾鼎臣、张瑞图等名家手笔，几乎汇集了所有明代书法名家的作品；其赞诗之广泛、书法艺术之高超、雕刻技术之精细，被人誉为"与唐碑宋碣并重"的文化瑰宝。

晴山堂石刻从镌刻到建成的380多年间，经历了多次劫难，遭到不同程度的毁损。明末清初晴山堂遭焚烧，

晴山堂（徐力绘）

石刻遭到严重破坏，后徐氏族人将幸存的百余块石刻移入徐氏宗祠内。清咸丰年间，太平军又给晴山堂石刻造成了一定程度的损坏。抗日战争时期，文物古迹迭遭破坏，徐氏宗祠中的石刻处于无人过问的状态，断碎、破残、毁损更为严重。经过几次大的破坏，晴山堂石刻从当初的百余块骤减为七八十块，有的碑石仅存数字，有的因严重磨损已难于再现。更为可惜的是：昆山名士张大复所撰、张鲁唯挥毫，估计有多块石刻的《秋圃晨机图记》，如今仅剩12个字的石刻。至于当年徐霞客请无锡陈伯符写照、姑苏张圣石布景的名画《秋圃晨机图》刻石已不见踪影。

中华人民共和国成立后，湖庄小学建设时，学校将残存的石刻砌嵌在教室的墙壁上，并办起了"徐霞客资料展览室"。1961年，将原设在徐氏宗祠中的小学更名为"徐霞客小学"时，在校舍中特辟专室，将剩下的76块石刻及徐氏后裔孙念曾所刊《晴山堂帖叙略》木刻三方一并嵌砌在专室壁里，并命名为"霞客先生纪念室"。"文革"期间，师生们将石刻涂上石灰水，完整地保留了这些珍贵的石刻。1978年，另择新址，重新建设了晴山堂，76块石刻嵌砌在堂屋的三面粉墙间。

晴山堂石刻具有较为悠久的历史价值、艺术价值和科学价值，与徐霞客故居一起被列入全国文物保护单位，是全国文保单位中收藏以元明著名书法家作品和记载徐氏家族史为主的石刻群。

《秋圃晨机图》

晴山堂石刻的内容，可以归纳为三个部分：1. 称颂徐霞客先祖业绩的诗文；2. 赞扬徐母教子的颂词和图文；3. 记述徐霞客生平活动的史料。这些石刻为研究徐霞客及其家族历史提供了极其宝贵的文献资料。这些石刻的诗文不仅文体不同，并具有很高的文学价值。诗文有楷、行、草、隶的书体，字迹刚劲、秀逸，加上刻工精湛，在书法艺术上有较高价值。明清与民国初年，晴山堂石刻拓本流传，人争宝之，已阅数世，被视为与唐碑宋碣并重。

1995年12月，无锡、江阴两地"徐学"同仁携手合作，参照多种晴山堂石刻拓本，互相补缺，由上海古籍出版社正式出版了《晴山堂法帖》。

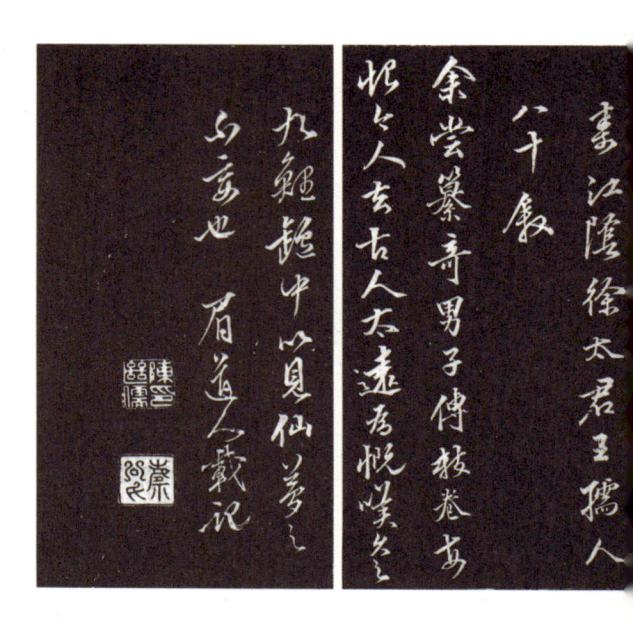

晴山堂石刻（宋濂、祝允明、文徵明、董其昌、黄道周等真迹图）

中翰徐公贊

山立為體川流作性體之謂何仁存而不遷禮執而有定也性之謂行有文翰之藻涵洞物之鏡也入奉世華出事聖朝挾綸鳳沼東帶鷗物祿而弗倦當而無驕其裕嚴也漢之湛其惠浚也鄭之僑公籍實廩里伺犖庖頌乎春日之陽藹乎榮木之條阢奎綠以光騶乃投簪而消搖有溢其芳蘭之魁、科名維不族望益高蓋江表之區自宣英以來稱鍾石之積者必曰徐榘毅之謹必曰徐冠紱之續必曰徐而其負荷恢拓秉持教誨維公八一身是出足繫脁而予忖度之公有一立而百卉者盡曾氏之言曰任重道遠士必弘毅則公之為人也不當以是二語為終身之謐乎

正德乙亥仲春阮塁
吳郡祝允明奉贊

见文翁问,为说颠毛白似银。

幕倅先生,老祭酒也,慕艳尤剧。濂匆猝间,不及奉书,生前盍先问候之。

七十翁宋濂

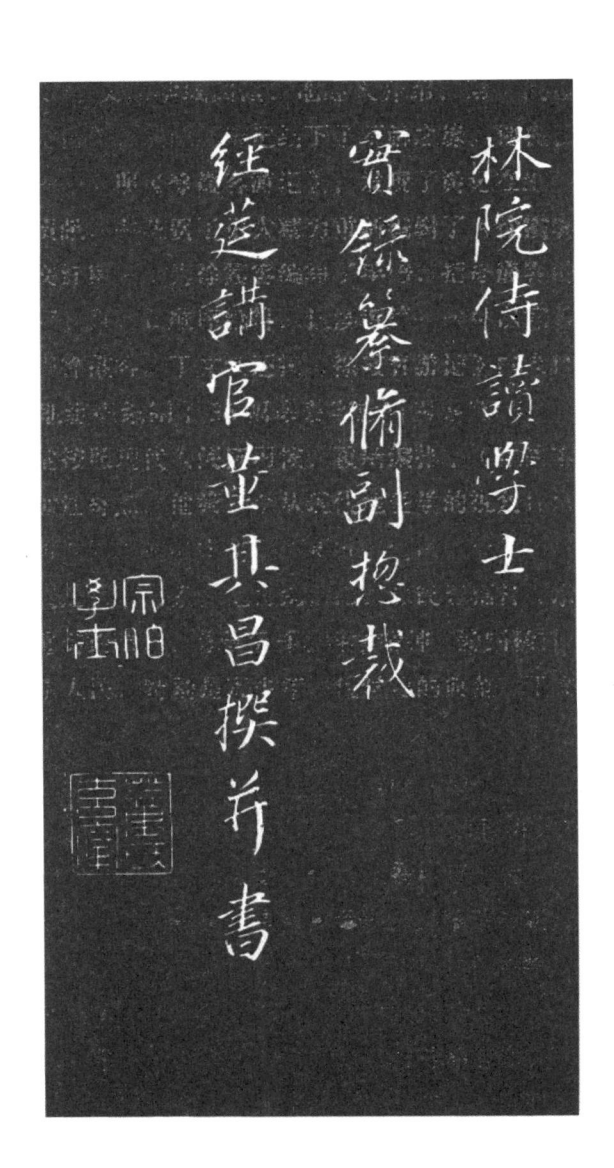

林院侍读学士
实录纂修副总裁
经筵讲官董其昌撰并书

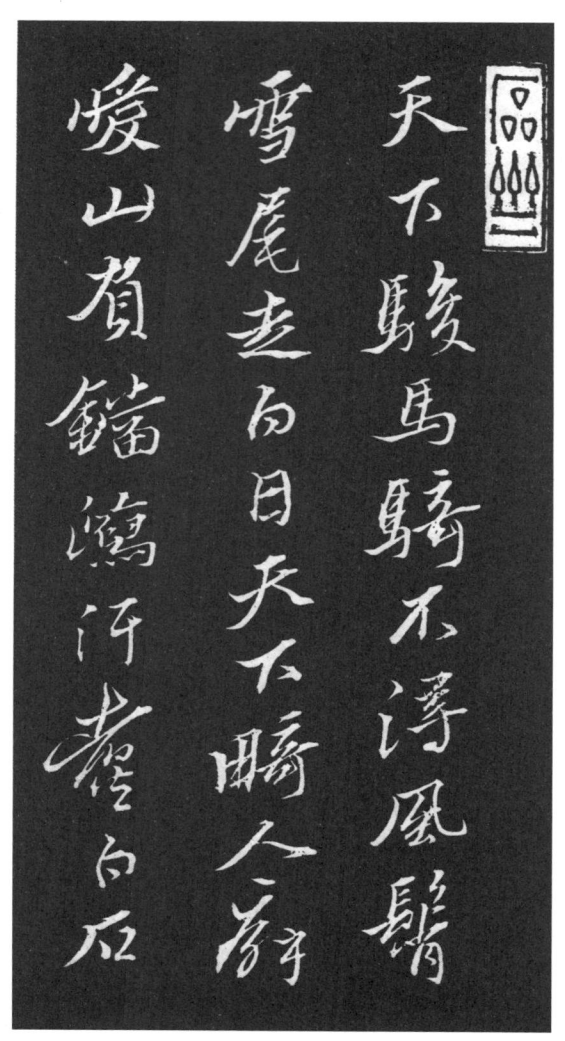

晴山堂黄道周题诗《天下畸人癖爱山》

第六章　悲壮东归

崇祯十年（1637）十二月二十二日，徐霞客来到了滇西北的鸡足山。他首先想办的事情是万里遐征同行者静闻和尚临死前的嘱托：一是将血写的《法华经》供在鸡足山永藏，二是将其遗骨安葬于鸡足山。

十二月二十七日，徐霞客在鸡足山众僧的帮助下完成了登山要办的两件事后，登上佛教名山鸡足山的绝顶，领

玉龙雪山

寂静闻禅师之塔

略了高耸入云、建有 9 层闪烁金光的宝塔。当他看到北边数百里外的玉龙雪山后，写下了《雪观》一诗："北辰咫尺玉龙眠，粉碎虚空雪万年。华表不惊辽海鹤，崆峒只对藐姑仙。"

徐霞客用 320 多天的时间，静心考察了盼望已久的鸡足山全貌，游览了礼佛台、华首门等景点。他遍访寺庙，叩晤僧友，抄录古碑。

在对这座佛教名山的考察中，徐霞客总括山势全貌，指出了过去对鸡足山三个支脉架势认识的错误之处："人谓鸡足前伸三距，惟西支长，而中、东二支俱短，非也。……西支缭绕而卑，虎砂也，而即以为前案。东支夭矫而尊，龙砂也，而兼以为后屏。皆天造地设，自然之奇，拟议不

佛教圣地鸡足山

及者也。"

冥冥之中，鸡足山成了徐霞客万里遐征的终点。崇祯十二年（1639）八月十二日他再次抵达鸡足山，滇西峡谷的瘴烟湿毒对他强壮的身体产生了伤害，双足渐渐不能行走。这时期他还承受了另外的打击，跟随他多年的仆人顾行竟然私自拿走了他的所有旅费，不辞而别。

第一节　鸡足修志

困在鸡足山的徐霞客想起了丽江土司木增的心愿：为鸡足山修一部志。

木增是少数民族纳西族首领，丽江地区的最高统治者。早在万里遐征前，徐霞客就央求陈继儒为自己写了推荐信给木增。木增是一位对中原文化极度感兴趣的少数民族首领。当徐霞客一到昆明，他听到消息后，就派人赴昆明邀请徐霞客到鸡足山和丽江一游。当时鸡足山最大的寺庙悉檀寺就是由木增提供资金建造的，木增也是鸡足山的最大施主。

徐霞客第一次到鸡足山后不久，就应木增之邀赴丽江考察。在与木增的交往中，徐霞客感受到了这位首领的深情厚谊，不仅以最高的礼节招待他，而且礼贤下士，虚心向徐霞客请教。木增恳求他为其写的《山中逸趣》一书作序，并让他给自己的另一部文稿《云薖淡墨》提修改意见。木增还请求徐霞客为其第四个儿子木宿传授作文之道。徐

在鸡足山徐霞客受到众僧的热情款待（连环画）

霞客和木增还畅谈了中原文化。当木增问及中原名流中是否有超过陈继儒、董其昌的饱学之士时，徐霞客回答说有一人，就是黄道周。他的"字画为馆阁第一，文章为同朝第一，人品为海内第一，其学问直接周、孔为古今第一"。徐霞客和木增在很短的时间里结下了深厚的友谊。

受病痛和感情折磨的徐霞客努力振作起来，他决心完成《鸡足山志》，完成木增的一大心愿。

当年农历九月十一日之后，徐霞客便带着伤痛专门从事为鸡足山修志之事。他深知为鸡足山修志绝非一件易事，鸡足山是当时我国的五大佛教名山之一，与峨眉、五台、九华、普陀齐名，有大小寺庙40多座、庵院60多处、静

丽江土司木增像

欻行師難山勝侶也閒
蔵悉攪潛心淨果穰熟清風如撥慧日爰賦二律
以景孤標弁請
法正
華首門高掩薜蘿何人彈指叩巖阿經從
鳳闕傳金縷地傍龍官展貝多明月一簾心
毂若慈雲四壁影婆娑笑中誰是拈華意會
卻拈華笑亦多
玉毫高擁翠芙蓉碎卻虛空獨有宗鐘磬靜
中雲一罄蒲團悟後月千峯拈來篙草欐隨
在探浮衣珠案又重是自名山堪結習天華如
意落從容

江左霞客徐弘祖頓首具藁

《鸡足山赠妙行诗两首》是流传至今的徐霞客唯一手迹（国家一级文物，现藏于云南省博物馆）

室170多间、寺僧5000多人。之前从未有文化人为鸡足山写过山志。

徐霞客在鸡足山僧侣的陪同下，到藏经楼阅读了大量文献资料，还到华严寺、南京庵、水帘瀑布、山脊灵泉、崖半洞穴等地实地调查。他还抄录了鸡足山上各处石碑，在掌握了大量第一手资料的基础上，徐霞客花了整整3个月的时间，完成了《鸡足山志》的撰写任务。

《鸡足山志》是徐霞客平生唯一修过的一部山川志，也是鸡足山的第一部志书。此书的大部分于康熙年间因战火烧毁，只保留有《鸡山志目》。现存的《鸡山志目》还注有徐霞客区分篇目的理由："兹帙首真形，次名胜，次化宇，渐由天而人；次古德，次护法……此编次之大意也。"残本约有3000字，可以比较清楚地看出《鸡足山志》的本来面目。今天《徐霞客游记》末尾附录的《鸡足山志》目与志略，共提出了志目8卷；志略一提出了灵异10则、景致10则，志略二提出了突出寺庵23座、名刹碑记10个、人物13位。

徐霞客编撰的《鸡足山志》以山为纲，先叙全山大势，由山及景，由景及寺，由寺及僧，由僧及官，由人及事，由事及文，编次合理，对后世编修《鸡足山志》有着宝贵的参考价值。从现存的几种《鸡足山志》来看，都提到了徐霞客的首创贡献。这是徐霞客在万里远征的游程结束前为鸡足山留下的最后一笔宝贵的文化遗产。

第二节 铸就名篇

徐霞客写完《鸡足山志》后,他的病虽然在鸡足山僧侣的汤药治疗下有所好转,但并未根治,难以启程独自返回老家,匡以时日则更加难以启程。徐霞客在万里遐征开始时,曾立下"何地不可埋吾骨"的壮志;但他心中念念不忘的是长江源头,他希望继续沿着金沙江往上探索,先后两次向木增提出申请,但都被婉拒了。

徐霞客并没有放弃自己的计划,在鸡足山修完志后,他再一次请求木增派人护送他回家的途中,到上游看一眼。木增被徐霞客不屈的精神所感动,选派了8名身强力壮的

徐、木两人塑像

徐、木友谊厅

徐、木后人相聚

纳西族汉子，抬着一顶竹轿出发了。

这最后的一段游程，徐霞客没有留下日记，但他完成了一生中最为得意的名篇之作《溯江纪源》。这是他一生考察的结晶，也是他突破性的成果之一。据钱谦益在《徐霞客传》中说："由鸡足而西，出石门关数千里，至昆仑山，穷星宿海，去中夏三万四千三百里。登半山，风吹衣欲堕，望见方外黄金宝塔。又数千里，至西番，参大宝法王。鸣沙以外，咸称胡国，如迷卢、阿耨诸名，由旬不能悉。……远至峨眉山下，托估客附所得奇树虬根以归，并以《溯江纪源》一篇寓余。"

钱谦益在《徐霞客传》中还简要地介绍了《溯江纪源》一书的内容："言《禹贡》岷山导江，乃汜滥中国之始，非发源地。中国入河之水，为省五；入江之水，为省十一。计其吐纳，江倍于河。按其发源，河自昆仑之北，江亦自昆仑之南；非江源短河源长也。又辨三龙大势：北龙夹河之北，南龙抱江之南，中龙中界之，特短；北龙只南向半支入中国，惟南龙磅礴半宇内，其脉亦发于昆仑，与金沙江相并南出，环滇池以达五岭。龙长则源脉亦长，江之所以大于河也。"

钱谦益还说："其书数万言，皆订补桑经、郦注及汉、宋诸儒疏解《禹贡》所未及。"

在陈函辉为徐霞客撰写的墓志铭中，也说道："由鸡足而西出石门关数千里，至昆仑，穷星宿海。登半山，风吹衣欲堕，望见外方黄金宝塔，又数千里遥矣。遂发愿复策杖西番，参大宝法王。鸣沙之外，咸称火聚，如迷卢、阿耨诸名，由旬不悉。据《西域志》，沙河阻远，望人马积骨为标帜，魍魉热风，无得免者。"

陈继儒在墓志铭中还谈到了徐霞客东归的原因："霞客西游时已幻泡此身，既在佛土，亦竟有委蜕之意。偶见遗籍，见有杨黼先生者，隐居五华，潜心理学。一日思皈依法王，行道饥渴，见一人曰：法王已南，衣某色女衣，著男履者是也。言讫不见，遍觅无所遇。因归家，其母闻剥啄声急，拖父履而出，衣色复合，遂叩母作佛礼，仍以孔、孟教化其里人。"徐霞客看到这个故事后，喟然长叹："三教终不外五伦耶，吾先垄在澄江（江阴的古称），今其归矣！"

陈函辉还在墓志铭中写道："霞客于峨眉山前作一札寄予。其出外番分界地，又有书贻钱牧斋（即钱谦益）宗伯，并托致予。书中皆言所历山川险僻诸瑰状，并言江非始自岷山，河亦不由天上。其发源河自昆仑之北，江自昆仑之南。""爰著成《溯江纪源》一篇。余友李端木名令皙，江阴令。与余为刻入江、靖二志中，以订桑经、郦注之谬。"

徐霞客对《溯江纪源》一文相当重视，写完之后，就把它寄给了自己的好友钱谦益和陈函辉，告诉了自己在考察中的重大发现。当时在靖江当县令的陈函辉利用自己的职位优势，把《溯江纪源》的主要内容放进了《江阴县志》

"考江溯源"铜像

和《靖江县志》中。

《溯江纪源》是徐霞客在突破我国古代传统思维模式后，应用实证方法和逻辑思维方法超越时代的一篇科学论文。他通过对"南龙大脊"即华南山脉系统的考察，得出了"南龙"长于"中龙"；而通过对江源的考察，得出了长江的"吐纳"双倍于黄河。于是，他从"南龙"长于"中龙""北龙"及与水系的关联，推出长江"源亦长""大于河"，又层层演绎，缜密推理，得出长江之源为金沙江的科学结论。

第三节　最后时光

崇祯十三年（1640）农历六月，徐霞客在友人、丽江

《溯江纪源》碑

土司木增和亲友、黄冈县令侯鼎铉的帮助下,回到了江阴马镇南旸岐的家中。

漂泊数年,生还故里,徐霞客已感到自己的生命即将走到终点。他的双脚已经完全不能行走,只能躺在床上。他把从西南带回的标本放在病榻之前,每天回忆着万里遐征中的千山万水。他对前来看望他的友人说:西汉张骞开辟道路,未见到昆仑山。唐朝的玄奘、元朝的耶律楚材奉皇上的使命,才有机会西游。我不过是一个老百姓,一根竹杖、一双草鞋,直到黄河、沙漠地带,登上昆仑山,走过西域,留名很远的国家,与前面三人合而为四,即使死了也没有什么遗憾了。("张骞凿空,未睹昆仑;唐玄奘、元耶律楚材,衔人主之命,乃得西游。吾以老布衣,孤筇双屦,穷河沙,上昆仑,历西域,题名绝国,与三人而为四,死不恨矣!")徐霞客对自己的人生选择有着充分的自信和豪气。

唯一让他感到遗憾的是他已经无力完成西行日记的整理、编辑、梓印任务了。

行囊中那厚厚的日记手稿是他多年的心血,从万里遐征出行第一天开始,到鸡足山修志前,1000多天的日子里,几乎一天不拉地留下了考察途中的点点滴滴。

"以导后游,以传千秋。"他得尽快物色到合适的人选来继续自己的使命。

徐霞客想到的第一个人选是徐仲昭,这是他的族兄弟,还是志同道合的旅伴、诗友。东归后,徐仲昭多次到家中探望徐霞客,两人进行了深入的交流。但徐仲昭当时正承担着其余编纂工作,无暇脱身。

徐仲昭后来替徐霞客完成了诗稿的整理工作,并将季会明整理的游记书稿送给钱谦益审读。徐仲昭还是徐霞客逝世后相关事宜的主要承担者,他完成了徐霞客的委托:持徐霞客的绝笔("寒山无忘灶下")请靖江县令陈函辉撰写了《霞客先生墓志铭》,并为墓志铭的撰写提供了相关资料。徐仲昭是接触游记整理稿的第一人。徐霞客去世后,他是处理徐霞客所遗文稿的全权委托人。

徐霞客的长子徐屺已经成家,徐霞客东归后,命他赴北京办事。一是替他探望好友黄道周,黄此时正关在天牢之中;二是请自己的连襟吴国华(宜兴人,曾获殿试第二名)为自己撰写生圹志(徐霞客生前已经为自己在老旸岐马湾挑选好了墓地)。

徐屺从北京返家后,向父亲描述了黄道周在狱中悲惨的情景。徐霞客听了,长叹不已,从此不再进食,不久就去世了。

徐霞客生前还把游记手稿的整理工作托付给了季会明。季是徐霞客的家庭老师,在徐家生活多年,有深厚的文字功底,与徐霞客也是文友,两人在徐霞客东归后有多次深入的交流,对徐霞客的游踪十分清楚。但一开始,季会明并没有答应,在徐霞客多次请求后,正准备接受这一

临终嘱托（殷国庆绘）

重大任务时，徐霞客就突然去世了。

在季会明犹豫之时，徐霞客曾物色了另一个人选，这就是王忠纫。王忠纫是徐霞客的亲戚加朋友，徐霞客万里遐征出发第二天就拜访了生活在无锡的王忠纫。

躺于病榻之上的徐霞客一方面全力思考着自己的身后事，另一方面还接待着各方探病问疾的友人，如徐仲昭、徐应震、徐亮工、周仪甫、王忠纫、季会明、刘履丁等人。这些友人有时还会带来一些慕名而来的造访者，其中如徐仲昭带来的钱邦芑，镇江丹徒人，此时正好与徐仲昭一起应陈函辉之邀请，在编撰《靖江县志》，当时不到40岁。明朝灭亡后，他到鸡足山削发为僧，名"大错和尚"。对徐霞客的拜访，给他留下了深刻印象，他在编撰《鸡足山志》时，撰写了《流寓徐弘祖事略后》一文，记述徐霞客"自滇归，犹为余言西域山水之奇，宛然在目。今得因其稿，辑其遗事，藏之名山，百世之下，其犹有兴起者乎"。抗清失败后，他从贵阳沿着徐霞客所走的西行路，上了鸡足山，又按徐霞客的《鸡山志目》，续修了《鸡足山志》。

崇祯十四年（1641）农历正月二十七日，徐霞客在家乡去世，享年56岁，葬于他生前选定的马湾。

哲人虽萎，其业千古。

徐霞客墓

第七章　游记沉浮

游记在徐霞客生前未及整理成书。徐霞客去世后，先由王忠纫手校，略为叙次；继由季会明"遍搜遗帙，补忠纫之所未补，因地分集，录成一编"，于崇祯十五年（1642）腊月整理完成，但其间已有残缺。

清顺治二年（1645），徐霞客家族遭家奴之变，徐霞客长兄弘祚及儿子徐屺、侄儿亮工等20余人被杀害，游记也于民乱中散失。后经季会明抢辑，却残缺不全，《滇游》第一册毁于动乱之中。期间又经辗转传抄，以致"文残简错，句乱字讹"。

康熙二十三年（1684），李寄（徐霞客庶子，因育于李家，长于明清，故名）根据宜兴曹骏甫、史夏隆抄本，整理补入《游太华山》诸文，形成了一个比较完整的游记书稿，也成为以后众多抄本的主要来源。

乾隆四十一年（1776），徐霞客族孙徐镇根据杨名时、陈泓的抄本，刊刻《徐霞客游记》，此时距徐霞客去世已经 135 年。

另外，徐霞客生前曾辑有 4 册游记，由徐屺带给身陷囹圄的黄道周，每册约有 5 万字。这 4 册游记由黄道周带回福建漳浦家中，其夫人蔡玉卿曾经看到，并咏诗二首，提及此事。

《徐霞客游记》是一部遭受沧桑命运的巨著，今天我们看到的《徐霞客游记》，并不完全是徐霞客的原稿，而是历经多人传抄，增删拼合而成。

第一节　游记成书

徐霞客去世后，王忠纫把游记手稿全部拿走，进行了初步整理；后来因为要去福建赴任官职，又让徐屺把手稿拿回家。徐屺找到老师季会明，恳求他完成手稿的整理工作。

季会明虽然只是一名家庭老师，但与徐霞客也算是千秋知己之交。徐霞客东归后，"时就榻前与谈游事，每丙夜不倦"。季会明无疑是徐霞客生前心仪的手稿整理人选，徐霞客对季会明交代："余日必有记，但散乱无绪，子为我理而辑之。"

面对父子两代人的重托，季会明放下一切杂务，全身心地投入游记手稿的整理之中。他按照徐霞客游览地点进行分集，每集之前，加写一个简要的游程提纲。并把手稿重新抄录了一遍，形成了《徐霞客游记》历史上第一个完

清代《游记》版本

清初季梦良抄本，是迄今发现最早的抄本，收藏在北京图书馆

季会明抄本

整的书稿本，完成时间在崇祯十五年（1642）的腊月，在书稿前季会明写了一篇序文。

崇祯十七年（1644）清军入关。次年清军南下，攻占江阴。徐霞客家族遭受重大打击，家奴在别人的唆使下，发动暴动，火烧南旸岐、老旸岐等处徐氏家宅，残杀徐霞客家族成员20余人，抢走了田契等财物。这次奴变事件也给游记带来重大损失，手稿及整理本被抢散，尤其可惜的是游记中的《滇游》第一册，在外借中被毁于徐亮工家。

面对徐家大难，季会明挺身而出，带领季氏家人，四处搜集抢散的游记，完成了游记的第二次抄录，并移交到徐仲昭手中，由徐仲昭转给钱谦益，准备在汲古阁出版，可惜被大出版家毛晋束之高阁。其书稿后辗转进入独山莫氏及嘉兴刘氏手中，中华人民共和国成立后转入北京图书馆。20世纪80年代，上海古籍出版社重新出版《徐霞客游记》时，这一抄本才重见天日（在北京图书馆的善本特藏部找到了这部辗转大江南北，历时300多年，数易其主的游记抄本，这部抄本名为《徐霞客西游记》）。

康熙二十三年（1684），徐霞客第三子李寄（又名介立）从宜兴寻访史夏隆，无意中得到

上海古籍出版社版本

了曹骏甫抄本，他把游记抄本带回江阴，在花山山居庵中，李寄参照季会明抄本、史夏隆抄本、曹骏甫抄本，进行了认真、细致的校勘、补充和订正。他反复比较这些抄本的异同，一边又从"日影中照出原本，一一录之"，在《滇游日记》中补入《游太华山记》《游颜洞记》《盘江考》等文章，形成了历史上第二个《徐霞客游记》文本稿，这本也成为后人传抄的蓝本，被称为"诸本之祖"。可惜，李寄整理本原稿后来不见了踪影，但是它的抄本流传了下来，成为后来刊刻成书的主要依据。乾隆四十一年（1776）徐镇刊刻成书，书名为《徐霞客游记》。

直到20世纪80年代，季会明抄本重新发现后，将季氏整理本和乾隆本对照发现，季氏抄本比乾隆本多了156

天，字数多了14万多字。季氏抄本是游记的原始抄本，比较忠实于徐霞客的原著。当然季氏抄本也不是最完美的抄本，一是它有残缺，二是不少地方抄得粗陋，时有脱漏或省略，错误也不少。但是，它为我们展示了《徐霞客游记》的原貌。而乾隆本在文字上做了诸多删改，削弱了徐霞客的精神风貌，也掩盖、抹杀了季会明忠于所托，尽心竭力编撰游记手稿的实际贡献。

第二节　百年传抄

《徐霞客游记》在正式刊刻成书之前，经历了135年的民间传抄，无数文人学士为了这部人间奇书，埋首于青油灯下，一字一句摘抄这部皇皇巨著。

第一个抄本——季会明抄本。季会明抄本是最忠实于徐霞客原著的，而且是花了很大心血的。他发现王忠纫初编的游记手稿残缺太多，而且眉目不清，就一边仔细阅读徐霞客的原稿，一边找人核对资料，拾遗补阙，使之成稿。如崇祯十年（1637）农历八月十五日，徐霞客自广西横州西横，于二十三日抵达南宁后，至九月二十二日的一个月日记俱缺。后来从徐霞客的手稿中发现了一篇字迹极为潦草且无日期的日记，细读后根据内容和徐霞客在南宁的《独登罗秀》一诗，判断此篇日记是农历九月初九在南宁所记，于是季会明将它整理成700余字的旅游日记，作为徐霞客九月间抵达南宁后的一篇日记。顺治二年（1645）徐霞客家族遭遇奴变之灾，20多人被杀，游记手稿、整理抄本同时被劫，当时幸免于难的徐家子孙避难在外，无人理会游记书稿之事。季会明动员族人，重新搜集整理徐霞客游记，形成了《徐霞客西游记》抄本，并由徐仲昭送至常熟毛氏汲古阁。

第二个抄本——曹骏甫抄本。此本已失传。曹骏甫是宜兴人，亦好游，十分仰慕徐霞客。闻徐霞客病逝，特地前往吊唁。后来求得徐霞客稿本，带回家抄读，形成了第二个抄本。

第三个抄本——徐建极抄本。徐建极是徐霞客的长孙，父亲徐屺遇难时，与母亲一起逃走。他小时候曾多次听祖父徐霞客讲述游历之事，留下了深刻印象，长大后也抄有游记稿本。后来刘果到江阴担任江苏学政一职，看到钱谦益写的《徐霞客传》，专门寻访到徐建极，徐建极将抄本及珍藏的大理石标本送给了刘果学政大人。徐建极的抄本题为《游记》，被刘学政收藏，后不知所踪。

第四个抄本——史夏隆抄本。康熙五年（1666），宜兴人史夏隆从同乡曹骏甫处得到全部游记四册，他边读边抄，一开始抄了一册就搁笔了。过了近20年，他在朋友的帮助下，花9个月时间完成了全部游记的抄录工作，并让晚辈寻访徐霞客子孙的下落。后经吴天玉介绍，于康熙二十三年（1684）将原书稿交还给徐霞客三子李寄。史的抄本没有流传下来，只保存了他写的一篇序言。

第五个抄本——李寄本。已经66岁的李寄得到了曹骏甫的抄本后，与搜集到的季会明抄本等互相校正，形成了李寄抄本，成为诸本之祖。李寄抄本使"已毁之玉，复出昆山，既沉之珠，又还合浦"。李寄原本已不见踪影。

第六个抄本——奚又溥本。康熙四十一年（1702）冬，奚又溥从徐霞客曾孙徐觐霞处看到了游记，他借回家，从头到尾，化了5个月完成了抄录任务。奚本根据李寄本抄录，虽有删改，但还是比较接近于李寄的原本。奚把前一部分游记题为"名山游记"，全书题为《徐霞客记游》。

第七个抄本——杨天赐本。靖江人杨天赐从李寄本抄录。

第八个抄本——刘南开本。刘南开根据史夏隆本抄录，今不传。

第九个抄本——杨名时本。杨名时是江阴人，清代三朝重臣，理学家。康熙四十八年（1709）仲夏，杨名时从刘南开本抄录，为杨本一，今不传。康熙四十九年（1710）又从文禄堂得到了一部游记稿本，进行了第二次抄录，形成杨本二，今藏北京图书馆，封面题为《徐霞客游记》。

第十个抄本——杨名宁本。杨名宁是杨名时族弟，从杨本二抄录，现藏于上海华东师范大学图书馆。

第十一个抄本——梧塍徐氏本。从李寄本抄录。

第十二个抄本——陈泓本。陈泓是江阴人，乾隆年间，他搜集了各种游记抄本，并进行研究，撰写了《诸本异同考略》。经反复考证，抄写成一部游记，形成陈泓本，目前此精抄本保存在上海图书馆。

第十三个抄本——《四库全书》本。乾隆四十七年（1782）七月，《四库全书》编成。其中有两江总督采进的《徐霞客游记》12卷，据《四库全书·总目提要》记载，这部游记是杨名时重加编订的。南京图书馆有此抄本。

在135年间，《徐霞客游记》在传抄中延续着自己的生命，先后曾出现过数十个各种各样的抄本。这些整理传抄者为传承文脉作出了贡献，但也有些文人"多以己意"，大量删削、涂改，以至于"文残简错，句乱字讹"，使得游记的本来面目越来越模糊。

乾隆年间，在徐氏后裔和江阴学人的努力下，《徐霞客游记》终于刊刻出版，统一了版本，在知识界得到更为广泛的流传，也为徐霞客从一个地方名士走向全国乃至世界打下了坚实的基础。

第三节　发现价值

《徐霞客游记》自17世纪中叶季会明编定第一个整理本，到18世纪末徐镇首次印成木刻本，19世纪突破江阴本土刻印游记的地域范围，逐步向周边城镇拓展。到19世纪末20世纪初，《徐霞客游记》已在上海、浙江等地广为出版。游记的公开出版发行，扩大了徐霞客和游记的影响，也为当时的中国注入了一股活力。

1911年，丁文江学成回国，他经人介绍，第一次接触《徐霞客游记》，从此与游记结下了不解之缘。他在云南的考察中一一对照《徐霞客游记》，发现了游记在地理学上的重大贡献，并花费了很大精力重新编辑了《徐霞客游记》。丁文江第一个为徐霞客编写了年谱，把徐霞客的一生经历按年、月、日顺序编排，让读者第一次可以完整地了解和认识徐霞客。丁文江还按《徐霞客游记》的具体内容创造性地组织编制了36幅徐霞客旅行考察路线图。更重要的是他按照现代人阅读习惯，重新编排了《徐霞客游记》，并加注标点。他第一个从现代地理学的视角评价徐霞客的旅游探险之旅的实质，是求知、求是、求真之旅，是地理学研究之科学考察。他特别指出：徐霞客精神（求知精神、尊重实践精神、勇敢精神、科学精神、爱国精神、献身精神）是人民，特别是青少年一代学习的典范。丁文

丁文江版本　　　　　　　　朱惠荣全译本

江还用英文写文章、发表演讲,使得徐霞客和《徐霞客游记》在世界知识界广为传播。

1941年,浙江大学校长竺可桢先生以徐霞客逝世300周年为契机,倡议召开纪念会并主办首届徐霞客学术研讨会,国内一批著名学者,如叶良辅、方豪、任美锷、黄秉维、谭其骧、张其昀等参加了研讨会。张其昀在纪念大会开幕词中评价徐霞客是"我国山岳地理的开创者",认为《徐霞客游记》乃我国求是精神一种最高贵之表现,霞客之游历,纯属为学术上之兴趣,既无使命,亦无其他目的,此种无所为而为之求知精神,即是科学精神。纪念会后出版了《徐霞客先生逝世三百周年纪念刊》。1948年,又由商务印务馆出版了竺可桢等著的《地理学家徐霞客》一书。

英国著名科学史专家、英国皇家科学院院士李约瑟博士,1942年在担任英国驻华大使馆科学文化参赞一职时,参观了西迁到贵州的浙江大学,竺可桢校长热情接待了他,并向他介绍了徐霞客及其《徐霞客游记》的研究情况,引起了李约瑟博士的浓厚兴趣。

1954年,他在《中国科学技术史》第1卷第6章"历史概论"中对徐霞客首次进行了评价:最卓越的旅行家徐霞客,毕生从事考察当时实际上还不了解的中国西部和西南部的广大地区,他最伟大的发现是西江和长江的真正发源地。此外,他还发现澜沧江和西江完全是两条不同的河流。

1959年，李约瑟博士在其《中国科学技术史》第3卷第22章"地理学制图学"第3节"中国探险家"中，再次评价了徐霞客：正是在明代，中国出现了一位写游记的名家，即旅游家徐霞客（1587—1641）。他既不想做官，也不信宗教，但对科学和艺术则特别感兴趣。他的游记读起来并不像17世纪的学者所写的东西，倒像是一位20世纪的野外勘测家，并取得了世界性的成就。

李约瑟博士的评价，首次奠定了徐霞客及其《徐霞客游记》在世界科技发展史上的重要地位。

第四节 霞印天下

20世纪初，西学东渐之风日盛，中西方文化交流日趋频繁，中国学者开始应用现代理论和科学方法，认真阅读《徐霞客游记》，从中取得了突破性的进展，形成了新的认识，这种认识得到了西方学术界的认可和肯定。徐霞客从一个没有被载入《明史》的小人物，一跃而成世界级科技精英，成为中国历史上摘取世界科学成就的先进人物。

中华人民共和国成立以来，特别是改革开放以来，中国需要走向世界，世界需要了解中国，中国的优秀传统文化展示出无穷的魅力。尤其是随着旅游业的大发展，中西方文化交流越来越广泛、越来越深入，徐霞客作为一个历史文化名人，吸引了越来越多人的关注。

1954年，美国密歇根大学教授李祁女士，为了向世

《徐学研究》封面

人推介徐霞客和《徐霞客游记》，让西方读者领略中国的秀丽自然风光和深厚的文化底蕴，把《徐霞客游记》翻译成了英文。前苏联学者在20世纪60年代，不仅把《徐霞客游记》当作中国的游记散文名篇，还当作"地理百科全书"，全面论述其文学价值、科学价值和历史文献价值。法国、意大利、英国、韩国、新加坡、德国、新西兰等诸多国家出版了《徐霞客游记》，并有学者对其进行研究；美国、新加坡及中国的台湾、香港等地还成立了徐霞客研究组织。

在国内，徐霞客更是迎来一个高光时代。改革开放初期，国家专门成立组委会，筹备纪念徐霞客400周年诞辰，在这期间，主办了多次活动。1983年4月，浙大陈桥驿教授在无锡举行的一次纪念活动中，首先提出了"徐学"这一名词，得到全国学术界的响应。1985年，《研究生》

第1期上发表了徐建春《奇人、奇书、徐学》的文章，第一次在全国公开性刊物上提出了"徐学"这个名词。一大批学者从事"徐学"研究，大量研究成果不断出现，并进入大学课堂，成为一门专业课。

在大力开展基础研究的同时，普及"徐学"、弘扬徐霞客精神，成为提高全民族素质的一个重要内容。目前，江苏、浙江、云南已成立了省级徐霞客研究会，市、县级徐霞客研究会达20多家，台湾地区、香港地区也成立了徐霞客研究会。

2008年，奥运会在中国举办，为了展示中华民族的悠久历史文化，国家有关机构选择了40位有代表性的中华文化名人铸造铜像，按历史顺序排列在中华世纪坛，徐霞客入选40位中华文化名人行列。《徐霞客游记》也被专家列入中国20部经典著作之一。徐霞客也是由联合国教科文组织审定的世界文化名人之一。

国内旅游业的飞速发展，更是让徐霞客找到了"用武

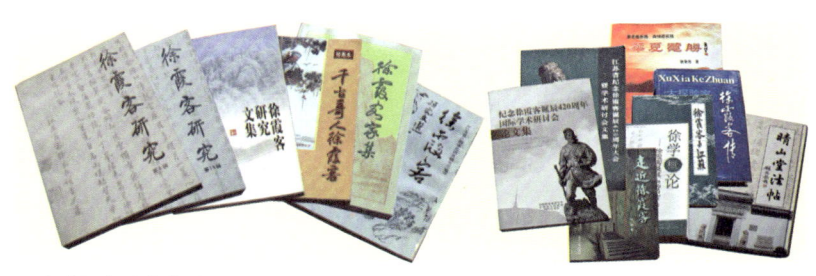

"徐学"各种专著封面

之地",从1984年全国第一尊徐霞客塑像在广西桂林诞生,40年不到的时间内,全国各地已设计制作了各种版本的徐霞客塑像100多尊,遍及北京、上海、浙江、安徽、江西、湖北、湖南、广西、贵州、云南、山西等地,徐霞客被尊为"华夏游圣"。

2011年,国务院在确立"中国旅游日"时,在全民网络投票的基础上,把《徐霞客游记》的开篇日5月19日,定为每年的中国旅游日。各地政府把徐霞客作为推动全域旅游的形象代言人,《徐霞客游记》也为各地发展旅游提供了丰富的文化资源。

《徐霞客游记》也成为教育年轻一代的重要教材,《游天台山日记》《游黄山日记》等篇目被收入中学语文教材,《徐霞客游记》被列入中学生课外阅读参考书目。各地以"徐霞客"命名的小学、中学已达20多所,以"徐霞客进高校"为基础的高校联盟也不断地扩大队伍。

2021年,央视大型文化访谈节目《典籍里的中国》把《徐霞客游记》列入其中,在央视一套黄金时段播出后反响强烈,短短2个月收视人数达4亿多人,让更多的人了解了徐霞客一生的不懈追求和巨大贡献。《徐霞客游记》也和《论语》《尚书》《天工开物》《本草纲目》等一起进入了中国经典国学著作之列,成为向全国人民普及中华优秀传统文化的重要组成部分。

《徐霞客游记》各种纪念邮票

《徐霞客游记》书签

徐霞客游天目溪记

考江湖源

后　记

徐霞客，千古奇人。

《徐霞客游记》，千古奇书。

在徐霞客去世后的250多年时间里，人们还没有认识到徐霞客的真正价值，只是把他的作品当作卧游之书；徐霞客也没有获得应有的历史地位，清朝人撰写《明史》为一大批著名人物列传，却不见徐霞客的名字，即使是《江阴县志》也只是把他列入隐逸传中，寥寥百余字。

《徐霞客游记》只是在一个小圈子里流传，即使收进了《四库全书》，也有清代学者评价不高，如李慈铭在《越缦堂读书记四·徐霞客游记》中说："然山水之文，必资雕刻；登临之兴，所贵适情。霞客梯险缈虚，徒标诡异之目，非寄尝会之深，古人癖嗜烟霞，当不如是。"而又"笔舌冗慢，叙次疏拙，致命异境失奇，丽区掩采"，"名迹留遗，多从忽略"。故这位著名学者妄下结论：明季士不读书，不知考据为何事。

是金子总会发光。20世纪20年代,中国最早的一批留学人员学成归来,报效祖国。以丁文江、竺可桢为代表的中国新一代知识分子,发现了徐霞客和《徐霞客游记》的科学价值,对游记进行了科学研究,得出了一系列重大结论。这些结论被中西方学界普遍认可,徐霞客在世界地理学上的地位完全可以与洪堡、李特尔媲美,是世界科技史上的先驱者,《徐霞客游记》是世界近代地理学的开拓性著作。复旦大学顾颉刚、谭其骧,北京大学侯仁之和南京大学任美锷四位国内权威学者,把《徐霞客游记》列为中国古代四部地理名著之一。

梁启超评价《徐霞客游记》为"中国实际调查的地理书,当以此为第一部";《徐霞客游记》是"科学著作","其科学精神和研究方法……是科学研究的一大革新";"徐霞客开辟了近代地理学研究的新方向"。鲁迅对《徐霞客游记》情有独钟,反复阅读,并重新装订为4册,以"独鹤与飞"为4册游记的次序。

中华人民共和国成立到改革开放,党和国家领导人高度赞扬和评价徐霞客,号召向徐霞客学习。徐霞客的科学探索精神、重视实践精神、勇于创新精神、爱国精神以及人与自然和谐相处的理念,成为不同历史时期,提升全民族素质,树立崇高理想,知难而进,勇攀科学高峰,探索人类发展道路的重要精神资源和文化源泉。

本书在写作过程中,参考了相关史籍、文献、学术著作。史籍有各种版本的《徐霞客游记》，文献有《徐霞客研究古今集成》，学术著作有《徐霞客与山水文化》《徐学概论》《徐学发展史》等，限于篇幅和体例，未能一一标注出处，在此特作说明，并谨致谢忱。

本书在写作时，得到了各位领导、友人和家人的关心与帮助，特此鸣谢。